꿈을 싣고 날다

구름 위의 지휘관,
파일럿

꿈을 싣고 날다

구름 위의 지휘관, 파일럿

한고희 글 | **정우열** 그림

라임

들어가는 말

아들, 네 꿈은 뭐니?

"구리야! 너는 꿈이 뭐니?"

초등학교 3학년이 되기 전에 이런 질문을 하면 넌 "아빠 같은 파일럿이 될 거야!"라고 대답하곤 했지. 하지만 언제부터인가 너의 꿈이 방송국 PD로 바뀐 것을 알고 아빠는 내심 아쉬웠어. 몇몇 고지식한 아빠들이 그렇듯, 나 역시 네가 나의 뒤를 이어 파일럿이 되기를 은근히 기대했던 모양이야. 물론 그건 아빠의 바람일 뿐, 네 꿈은 될 수 없다는 사실을 금세 깨달았지만 말이야.

아빠도 원래 꿈이 파일럿이 아니라 건축가였다는 걸 구리, 너도 알고 있지? 사실 지금도 프랑스 파리에 들러 라 데팡스 신시가지의 멋진 건물들을 볼 때면 가슴이 설레곤 해. 그만큼 건축가의 꿈을 소중히 간직했던 셈이야.

그러고 보면 '꿈'이라는 게 한 군데 가만히 머물러 있지 않고 사람들

마음속을 이리저리 옮겨 다니는 것 같다는 생각도 들어. 아빠만 해도 고등학교 3학년 때 우연히 공군사관학교에 진학한 선배들의 입시 설명회에 참여했다가 건축가의 꿈을 버리고 파일럿이 되기로 결심한 거잖아. 새로운 꿈이 이전의 꿈을 대신하게 된 거지!

네가 들으면 웃을지도 모르겠지만, 아빠는 요즘 요리사의 꿈을 키우고 있는 중이야. (조만간 아빠의 맛있는 요리를 먹고 감동하게 될걸!) 그런 만큼 아빠는 너에게 한 가지 꿈만 강요하고 싶진 않아. 네가 진짜로 좋아하고, 또 가장 하고 싶은 그 무언가를 찾아내서 행복하게 살기를 바랄 뿐이지.

여기에 한 가지 욕심을 더한다면, 내 아들이 '세상을 지금보다 정의롭게 만드는 일'에 조금이라도 기여할 수 있는 사람이 되는 거야.

이 책은 네가 꿈을 이루는 데 조금이나마 도움이 되었으면 하는 바람으로 쓰기 시작했어. 아빠가 파일럿이 되기 위해 어떤 과정을 거쳐 왔는지, 책임감 넘치는 파일럿이 되기 위해 어떤 노력을 해 왔는지, 그리고 이 사회의 '직업인'으로서 어떤 생각과 신념을 갖고 살아가고 있는지……. 아빠의 일대기(?)를 엿보는 이 시간이 네가 꿈을 향해 한 발짝 더 나아가는 데 보탬이 되었으면 좋겠구나.

그 꿈이 무엇이든, 꼭 이루어지길 바라면서.

파일럿이자 아빠가

* 구리 : 본명보다 더 자주 불리는 아들내미의 실제 애칭(?)

차례

chapter 1

파일럿은 어떤 일을 할까?

겁 많은 소년의 소중한 꿈

유능한 파일럿은 시험을 좋아해

인생은 실전, 비행도 실전

자나 깨나 준비물 조심

비행기가 뜨는 데 필요한 사람들

여성 파일럿이 되고 싶어요!

파일럿이 되면 뭐가 좋을까요?

겁 많은 소년의 소중한 꿈

날씨 : 맑음
비행 일정 : 오늘은 집에서 뒹굴뒹굴하며 쉬는 날

간만에 쉬는 날이기도 하겠다, 아빠가 오늘은 한 소년의 이야기를 들려줄게.

겁이 많고 소심한 소년이 있었어. 혈액형이 '소문자 a'형이라 공포 영화는 절대로 혼자서 못 볼 정도였지. 게다가 고소 공포증이 있어서, 아이들이 좋아하는 놀이동산에 가서도 하늘 높이 올라가는 놀이 기구는 탈 엄두도 내지 못하고 혼자서 그저 회전목마나 타곤 했대. 그러다 보니 많은 사람들 앞에서 자기 의견을 말하는 것도 무척 두려워했지.

그 겁 많고 소심한 소년은 지금 무얼 하고 있을까? 놀랍게도 하늘을 내 집처럼 누비는 파일럿이 되어, 최첨단 비행기에 탑승한 수백 명의 생명을 책임지는 여객기 기장으로 살아가고 있어. 그는 어린 시절의 '흑역사'를 부끄러워하지 않고 주변 사람들에게 당당히 말하고 다닌다지. 자기같이 겁 많고, 소심하고, 자신감 없는 아이들에게 희망을 심어 주고 싶어서 그런다나 뭐라나.

이쯤 되면 그 소년이 누군지 눈치챘겠지? 그래, 맞아! 바로 아빠란다.

파일럿인 아빠가 고소 공포증이 있다고 하면 주위 사람들의 표정이 아주 재미있게 변해. 대부분은 어이없어 하지만, 한편으로는 유머 감각이 있다며 배꼽을 잡고 웃음을 터트리기도 해. 심지어 어떤 사람은 아빠의 직업을 살짝 의심하기까지 한단다. 아주 소수이긴 하지만, 가끔은 동병상련을 느낀다는 사람도 있어. 그중 으뜸은 해군 장교 출신인데, 수영을 못한다고 고백한 아저씨였지.

사실 명색이 파일럿인데 고소 공포증이 있다는 게 처음에는 좀 부끄러웠어. 하지만 아빠와 같은 사람이 많다는 사실을 알고 나서 나름 위안이 되었지. 그렇지만 너희하고 놀이동산에 놀러 가서 오랜 시간 꼭꼭 잘 숨겨 왔던 내 비밀이 들통 나던 순간에는 무척 당황스러웠어. 다른 사람들한테 이야기할 때는 괜찮았는데 말이야. 게다가 그동안 쌓아 온 용감하고 씩씩한 아빠의 이미지가 단박에 추락해 버려서 민망하기까지 했지.

아빠가 비행을 처음 시작한 건 공군사관학교 4학년 때야. 1984년이지. 이야, 벌써 삼십 년도 더 되었네! 처음 비행 훈련을 받을 당시의 사진을 보면 마치 베테랑 파일럿이라도 된 듯 온갖 폼을 다 잡고 서 있지만, 실제로는 고소 공포증 때문에 엄청나게 쫄아서 속이 새까맣게 타고 있었어.

그래서 그런지 처음 비행한 날을 떠올려 보면, 재미있고 즐거웠던 생각보다 비행을 어떻게 끝마쳤는지 기억이 나지 않을 정도로 긴장해 있었던 것 같아. 오로지 '지금 내가 타고 하늘로 올라온 이 낡은 경비행기가 무사히 땅에 내려갈 수 있을까?', '파일럿으로서의 내 꿈이 이 크나큰 공포 앞에서 좌절되는 건 아닐까?' 하는 걱정뿐이었지.

그렇게 불안한 마음으로 초등 비행 훈련을 받던 아빠에게 담당 교관이 던진 한마디가 지금도 생생하게 기억이 나.

"너의 비행기를 믿어라!"

이 한마디가 아빠의 인생을 바꾸었다 해도 지나친 말이 아니야. 불안에 떨며 '비행 생활을 계속할 것인가, 말 것인가?'의 갈림길에 서 있던 나를 꽉 붙잡아 준 천금같이 귀중한 조언이거든. 누구나 인생에 한 번쯤 획을 그을 만한 소중한 말이 있다고 하는데, 아빠에게는 아마도 그 교관의 한마디가 그 역할을 한 것 같아.

사실 처음 교관의 말을 들었을 때는 '저렇게 낡아서 금방이라도 공중분해될 것 같은 비행기를 믿으라니! 혹시 어떻게 된 거 아냐?' 하고 의심을 품었지. (아마 그 당시 훈련생들은 다 같은 생각이었을걸!)

교관의 말을 반신반의하면서도 마치 주문을 걸 듯 내가 탄 비행기를 믿고 의지하기 시작하니까, 긴장감으로 뻣뻣하게 굳어 있던 근육들이 거짓말처럼 스르르 풀리기 시작했어. 그러면서 비행이 조금씩 편안해졌지. 차츰 '이 조그맣고 낡은 비행기가 내가 조종하는 대로 움직이구나!' 하는 깨달음과 안도감이 쌓이면서 믿음이 생겨났어. 그 후론 더 이상 비행이 무섭지 않았단다. 내가 뜻하는 대로 움직이는 안전한 기계 장치 안에 있다는 사실을 깨닫고 나니까 나를 움켜잡고 있던 공포심이 말끔히 사라지게 된 거야.

'너의 비행기를 믿어라!'라는 말이 파일럿으로서의 첫발을 내딛게 해 주었다면, 삼십 년이란 경력을 쌓아 오면서 나 스스로 깨달은 말도 있어.

"언제나 겸손하라!"

이 말은 아빠가 파일럿 후배들에게 꼭 해 주는 말이기도 해. '비행할 때만은 절대로 자만심에 빠지지 말자.'라는 뜻인데, 파일럿의 안전 비행에서 가장 큰 장애물이 바로 자만심이기 때문이야.

비행기를 살아 있는 생명체처럼 여긴다고 하면, 넌 속으로 '우리 아빠가 이상해졌어!'라고 생각할지도 모르겠다. 그런데 파일럿은 비행기와 호흡을 같이해야 해. 이것은 수많은 경험에서 우러나온 아빠의 신념 중 하나야. 그런데 자만심에 빠지게 되면, 비행기와 함께 호흡을 하지 못하게 될 확률이 높아. 그런 생각 때문에 아빠는 파일럿이라는 말 앞에 '베테랑'이라는 수식어를 붙이는 걸 늘 경계하지. 이 말은 은연중에 사람을 자만심에 빠지도록 만들거든.

구리야! 아빠의 원래 꿈이 건축가였다는 건 너도 알고 있지? 어렸을 때는 멋진 건물을 짓는 건축가가 되고 싶었지만, 지금은 파일럿이라는 전혀 다른 분야에서 꿈을 펼치고 있어. 이렇듯 꿈은 살아 있는 생명체와 같아서 계속 변하고 바뀌는 거야. 그리고 현재 내가 갖고 있는 직업이 반드시 꿈과 일치할 필요는 없다는 생각도 들어. 중요한 건 어떤 일을 하든지 겸손한 마음으로 최선을 다하는 것이니까.

아, 쉬는 날이라고 좋은 얘기만 실컷 한 거 같네? 자, 구리야. 얼마 전에 중간고사 봤다며? 아직 성적표를 못 본 거 같은데…….

여기서 잠깐!

경비행기와 제트기의 차이점

경비행기는 프로펠러를 이용해서 약 150~250km/h의 속도를 내는 비행기를 말한다. 주로 레저, 홍보, 연락용으로 사용되고 있다. 제트기는 연소 가스를 내뿜는 제트 엔진을 사용하여 비행하는데, 군사용 제트기의 경우 최대 속력이 마하(소리가 움직이는 속도를 측정하는 속력 단위, 1마하는 1,224km/h)를 넘기도 한다. 공항에서 흔히 볼 수 있는 제트 여객기의 경우 800~900km/h 정도의 속도를 낸다.

경비행기는 한 명에서 열 명 사이의 인원을 태우는 데 비해, 제트 여객기는 최대 800여 명 이상을 태우기도 한다. 또한 경비행기는 휘발유를 사용하는 데 비해, 제트 여객기는 휘발유에 여러 첨가물을 섞은 항공유를 사용한다.

파일럿의 입장에서는 경비행기를 운전하나, 제트기를 운전하나 근본적인 차이는 없다. 다만 자동차도 경차를 운전하다가 버스나 트럭을 운전하면 차의 반응이 느리게 느껴지듯이, 여객기가 경비행기보다 둔하게 반응한다는 걸 느낄 수 있다.

우리나라 공군에서 초등 훈련기로 사용하던 프로펠러 비행기 T41. 대표적인 경비행기이다.

제트 엔진을 사용하는 여객기. 사진 속의 비행기는 퀀타스 에어라인 소속의 A380이다.

유능한 파일럿은 시험을 좋아해

날씨 : 맑다가 흐림
비행 일정 : 인천 ⋯→ 홍콩

인천을 출발할 때까지 기분 좋던 날씨가 타이완 상공을 지나서부터 갑자기 구려(?)지고 말았어. 그래서 구름 속을 넘나들며 조금은 힘든 비행을 했지.

아빠는 오늘 '평가 비행'이라는 부담을 안고 홍콩에 오느라 다른 때보다 두 배로 힘들었지만, 지금은 무사히 비행을 마치고 숙소에서 홍콩의 야경을 즐기는 중이야.

시험 비행을 마쳤다는 안도감에 긴장감이 풀려서 그런지, 예전에 너와 네 친구들이 했던 얘기가 갑자기 생각나는구나. 기억나니? 네 친구들이 아빠가 파일럿이라는 사실을 알고는 다투듯이 서로 파일럿이 되고 싶다고 했던 거. 친구들이 파일럿이라는 아빠의 직업에 대해 관심을 갖자, 너는 마치 네가 파일럿인 양 우쭐해하며 친구들에게 비행기에 대한 설명을 늘어놓았지. 그 모습을 보며 나는 웃음을 빵 터트렸고.

그때 파일럿에 대해 어설프게 주워들은 이야기로 신나게 친구들과 떠드는 걸 보고 '서당 개 삼 년이면 풍월을 읊는다더니, 저 녀석 파일럿 아들 십 년 만에 하늘을 날 기세네.' 하는 생각이 들어서 웃음이 절로 나오더구나.

그때 아빠가 네 친구들에게 "파일럿이라는 직업이 왜 좋다고 생각하니?" 하고 물었더니, 녀석들은 "하늘을 날고, 자유롭게 여행을 하고, 견문을 넓힐 기회가 많고, 많은 사람들을 만날 수 있고, 멋있고……."라고들 대답했어. 그래서 아빠가 "그럼 파일럿이라는 직업이 나쁜 점은 무엇일까?"라고 물었더니 서로의 얼굴을 쳐다보다가 "없어요!"라고 대답했지.

그때 아빠는 너희에게 진실을 알려 줘야 한다는 생각이 들어서, 파일럿으로 살려면 "평생 공부해야 하고, 평생 시험을 봐야 한다."고 말했어. 그러자 조금 전까지 파일럿이 되겠다며 큰 소리로 떠들던 녀석들이 시무룩한 얼굴로 "그럼 파일럿 안 할래요!"라고 대답하던 일이 떠오르는구나.

지난번에 중간고사 성적표 얘기를 꺼냈다가, 요즘은 인터넷에 접속만 하면 생활기록부를 볼 수 있다는 사실을 알고 충격을 먹었어. 어느새 구닥다리가 되어 버린 듯해서 당황스럽기도 하고. 아빠가 중·고등학교에 다닐 때는 성적표를 몰래 숨기다가 들켜서 혼이 나곤 했는데, 이제 그런 일은 꿈도 꿀 수 없겠네?

아빠도 시험이 얼마나 스트레스를 주는지 잘 알고 있어. 어쩌면 구리, 너보다 훨씬 더 잘 알고 있을걸. 왜냐고?

아빠는 오늘도 너희가 그렇게 싫어하는 시험을 치렀거든. 홍콩으로 가는 비행이 바로 시험이니까. 이런 비행을 '평가 비행'이라고 하는데, 보통 일 년에 한 번 정도는 꼭 치러야 돼. 비행을 할 때 시시때때로 변하는 기상이나 항공기 운항 상태, 혹은 뜻밖의 상황이 발생했을 때 위기에 대처하는 능력을 평가받는 거야.

인천에서 출발하기 전에 비행 브리핑을 할 때 살펴보니, 항로 중간 지점부터 홍콩까지 구름으로 덮여 있더구나. 비행기가 흔들릴 거라고 미리 예상을 했지. 그런데 중간 지점인 타이완 상공에서부터 벌써 비행기가 흔들리기 시작하더니, 착륙 지점으로 다가갈수록 예상보다 훨씬 더 많이 흔들리지 뭐야? 게다가 폭우까지! 이럴 땐 정신을 바짝 차리는 수밖에. 다행히 부기장과 호흡을 잘 맞춰서 마치 합동 작전을 하듯 무사히 비행을 끝마쳤어.

아빠가 너만 할 적에는 어른이 되면 시험을 안 보는 줄 알았어. 어른만 되면 뭐든 다 뜻대로 되는 줄 알고 얼른얼른 자라서 어른이 되고 싶었지. 그런데 어른이 되어도 쉬운 건 별로 없더라. 여전히 시험을 보면서 평가를 받고 있으니, 쩝…….

너무 끔찍하다고? 그런데 잘 생각해 봐. 파일럿이 어떤 일을 하는 직업인지……. 수많은 승객의 생명과 재산을 책임지는 일을 하고 있잖아. 그런 뜻에서 철저한 평가는 오히려 당연한 일이 아닌가 싶어.

그렇지만 나 역시 사람인지라, 시험이나 평가가 즐겁지는 않아. 혹시라도 평가 비행에서 통과하지 못해 불합격이 되면, 그 시험을 통과할 때까지 비행을 할 수가 없거든. 마치 날개는 있으나 날지 못하는 타조나 펭귄 같은 신세가 되는 거지. 그러니 너희가 보는 지필평가 이상으로 부담스러울 수밖에 없어.

다행히 아빠는 파일럿 생활을 하는 삼십 년 동안 비행 평가에서 단 한 번도 불합격한 적이 없어. 이만하면 아빠도 우수한 파일럿이라고 할 만하지 않니? 이번 기회에 우리 아들이 아빠의 진가를 제대로 알아주었으면

좋겠구나. ㅋㅋㅋ

겉으로 화려하고 멋져 보인다고 해서 그 안의 사람들이 편안하고 풍요롭게만 지내리라고 생각하는 건 큰 오산이야. 자신의 꿈을 지키고 키우기 위해 끊임없이 노력하고 또 노력하면서 살아가고 있는 거란다.

파일럿의 세계 역시 그렇지? 세상에 공짜는 없어. 이제 피곤함이 서서히 밀려오는 구나. 내일의 남은 평가 비행을 위해 오늘은 이만 눈을 붙여야겠어. 꿈속에서 만나자.

여기서 잠깐!

출발 전 비행 브리핑

보통 파일럿들은 비행기 출발 두 시간 전에 출근을 한다. 출근을 하면 제일 먼저 출근했다는 사실을 알리고, ('Show up'이라고 하는데, 회사 컴퓨터에 로그인을 하는 방식으로 이루어진다. 이는 회사마다 다를 수 있다.) 기장·부기장으로 이루어진 운항 승무원은 일정 장소에 모여 비행 브리핑을 한다. 브리핑은 주로 기장이 진행하는데, 함께 비행하는 승무원들의 건강 상태와 물품 목록, 비행 경로와 목적지의 날씨, 항공기 상태, 운항 관리사가 제공한 비행 계획서를 검토한다.

브리핑이 끝나고 나서 비행 한 시간 삼십 분 전에 객실 승무원들과 정해진 장소에 모여 비행에 필요한 여러 가지 절차(비상시 행동 수칙, 승객과 승무원 안전에 관한 사항 등)에 대해 논의한다. 이 브리핑을 합동 브리핑이라고 한다.

인생은 실전, 비행도 실전

날씨 : 실내라서 안 보임
비행 일정 : 훈련 중

구리야, 얼마 전에 플심(플라이트 시뮬레이터의 줄임말. 비행 시뮬레이션 게임이다.)은 이제 시시하다며 아빠가 훈련할 때 탑승하는 비행 시뮬레이터를 조종해 보고 싶다고 그랬지? 컴퓨터 게임으로 갈고 닦은 실력이니만큼, 파일럿인 아빠보다도 잘할 자신이 있다고 으스대면서.

어디서 나온 자신감인지는 모르겠지만, 번데기 앞에서 주름을 잡으니 솔직히 아빠로선 기가 막히고 코가 막힐 일이었지. 비행 시뮬레이터는 파일럿의 생사를 걸고 중요한 훈련을 하는 곳인데, 다른 사람도 아닌 파일럿 아들내미가 오락기 취급을 하니 허탈한 마음마저 들더구나.

시뮬레이터에 대해 잘 모르면 너처럼 가볍게 받아들일 수도 있을 것 같아. 사실 아빠도 맨 처음 시뮬레이터 훈련을 받던 날은 너처럼 쉽게 생각했거든. '실제 비행 경험이 3,000여 시간이나 되는데 이 정도 시뮬레이터쯤이야!' 하면서 근거 없는 자신감으로 무장을 한 채 훈련에 들어갔는데……, 결과는 아빠의 처참한 패배!

마음은 저만치 앞서 가는데, 시뮬레이터는 생각처럼 수월하게 조종이 되지 않지 뭐야. 비행의 최대 적이 자만심이란 교훈을 다시 한 번 확인하는 기회가 되었지. 하지만 자존심이 무척 상했기 때문에 다시는 떠올리고 싶지 않은 추억 가운데 하나가 되어 버렸어.

시뮬레이터란 컴퓨터 영상 화면을 보면서 실제 비행과 똑같은 경험을 할 수 있도록 만든 가상 비행 장치야. 실제 비행기로 훈련하기에는 위험한 데다, 승객을 태운 상태로는 훈련을 할 수 없기 때문에 마련된 장치지.

시뮬레이터는 비행기 조종실을 그대로 옮겨 놓았다고 생각하면 돼. 기장·부기장 좌석이 있는 건 물론이고, 조종실 창문을 통해 실제와 똑같은 바깥 장면까지 볼 수 있어. 창문에 나타나는 영상은 지도상의 위치를 계산해 위성에서 찍은 사진을 컴퓨터 그래픽으로 만든 거야. 위성 사진으로 만든 영상이 조종실 밖에 180도로 펼쳐져 있기 때문에 실제로 비행할 때와 거의 비슷하게 느껴지지.

컴퓨터의 도움을 받는다는 점에서는 플심과 유사하지만, 시뮬레이터가 실제로 비행할 때와 같은 환경에서 똑같이 움직인다는 점에서는 차원이 완전히 달라. 플심이 2차원이라면 시뮬레이터는 3차원인 셈이야.

시뮬레이터는 아래쪽에 붙어 있는 여러 개의 유압축이 무게를 지탱해 주는데, 유압축들은 자동차의 안테나처럼 길게 늘어났다 줄어들었다 할 수 있어. 이 유압축들이 움직이면서 X, Y, Z축 역할을 하기 때문에 3차원 운동이 가능하지. 그래서 시뮬레이터에 타고 있는 사람은 실제로 공중에 떠 있는 것 같은 느낌을 받게 되는 거야.

예를 들어 비행 연습 중에 선회를 하면 시뮬레이터를 받치는 축이 한쪽은 늘어나고 다른 한쪽은 줄어들면서 좌우로 비스듬히 기울게 되고, 바람이 부는 날의 환경을 설정하면 비행기가 바람에 밀려나는 느낌을 고스란히 받게 돼. 기상 상태가 험악한 지역을 통과하는 훈련을 설정하면 시뮬레이터 전체가 우당탕탕 하면서 흔들릴 정도니까, 시각적으로만 느끼는 플심과는 비교조차 할 수 없는 셈이지.

시뮬레이터는 시동부터 이륙, 상승, 순항, 강하, 착륙 등 실제 비행에 관련된 모든 훈련을 할 수 있고, 심지어는 비행 중 발생할 수 있는 비상 상황도 재현이 가능해. 대표적인 비상 상황은 비행 중 엔진이 꺼지는 일인데, 시뮬레이터에서는 엔진이 한 개 혹은 두 개가 정지되는 상황뿐 아니라 엔진 전체가 꺼지는 상황까지 가정하여 훈련할 수 있어.

이외에도 조종 계통, 유압 계통, 항법 계통의 고장뿐 아니라 화산재가 포함된 연기 속에 진입하거나, 바다에 착륙해야 하는 상황 등에 대해서도 훈련을 하지.

이제 오락기와는 차원이 다르다는 사실을 잘 알겠지? 아빠가 처음 시뮬레이터로 훈련을 받았을 때 곤혹스러워할 수밖에 없었던 상황도 조금은 이해해 주길 바라. (변명하지 말라고? 처음부터 오락기랑 비교했던 사람이

누군데……!)

이와 같이 시뮬레이터에서 모든 상황에 대비한 훈련을 할 수 있는 건, 그동안 수많은 파일럿들이 비행 중에 직접 겪은 특수한 상황과 관련된 엄청난 양의 데이터가 컴퓨터에 입력되어 있기 때문이야.

예를 들어 '비행 단계는 착륙, 통과 고도는 구름, 불규칙한 바람 20m/s, 활주로 시정 100m, 동시에 상황 부여…….' 이런 식으로 시뮬레이터에 입력하고 시작 버튼을 눌렀다고 가정해 보자. 비행기는 흔들흔들, 간혹 우당탕 들썩이면서 하얀 구름 속을 통과해 착륙 지점으로 강하하게 될 거야. 참고로 이 정도 기상 상태면 착륙 직전이 되어서야 활주로의 불빛을 발견할 수 있는데, 이렇게 아무것도 보이지 않는 상태에서 착륙을 시도하려면 웬만한 강심장의 소유자라 하더라도 잔뜩 긴장할 수밖에 없어.

이제야 하는 말이지만, 삼십 년 무사고 경력을 자랑하는 아빠도 얼마 전에 '이번 훈련도 전에 하던 대로 하면 되겠지.' 하면서 가볍게 생각하다가 하마터면 불합격을 할 뻔했단다. 그날은 비행기 측면에서 최대 허용치에 달하는 바람이 부는 환경을 설정하고 이착륙 훈련을 하는 날이었어. 그런데 바람에 밀리지 않으려고 애를 쓰다가 '앗!' 하는 사이에 그만 활주로에 부딪힐 뻔한 거야.

강한 바람이 부는 환경에서 이륙이나 착륙을 할 때는 조금만 방심해도 발생할 수 있는 사고인 데다, 심하게 부딪힐 경우에는 추락까지 할 수도 있기 때문에 순식간에 등골이 써늘해졌지. 아무리 경력이 많은 파일럿이라고 하더라도 방심하면 한순간에 이런 일이 발생할 수 있으니, 고도의 집중력과 판단력을 요구하는 시뮬레이터 훈련에선 그 누구라도 긴장을 늦출 수 없는 거야.

어렵고 힘든 훈련이긴 하지만 승객과 비행기의 안전을 위해서는 꼭 필

여기서 잠깐!

시뮬레이터 훈련

시뮬레이터로 하는 훈련은 실제보다 더 긴장될 때가 많다. 평소에 경험하기 힘든 상황까지 훈련하기 때문이다. 예를 들어, 짙은 안개 상황을 입력하면 컴퓨터 영상에 아무것도 보이지 않는 것은 물론이고, 심지어 모든 엔진 및 시스템을 정지시켜 최악의 상황을 만들 수도 있다. 이런 경우에는 시간대별로 각 상황에 맞게 적절히 대처해야 하므로 숙련된 파일럿이라도 진땀을 흘리기 마련이다.

시뮬레이터의 겉모습. 비행기 앞부분만 분리한 듯한 모습의 시뮬레이터가 여러 대 있다.

이외에도 파일럿이 기절이나 사망했을 때의 상황, 화산재에 진입한 상황, 폭발물이 탑재된 상황 등 다양하고 복합적인 상황에 대해 철저하게 훈련을 한다.

시뮬레이터의 내부 모습. 실제 비행기와 거의 똑같으며 주간 비행, 야간 비행 등 여러 가지 조건에서 훈련할 수 있도록 설계되었다.

요한 과정이야. 그래서 모든 파일럿들이 매우 진지하게 시뮬레이터 훈련을 하는 거란다. 이렇게 '몇백만 분의 일'의 확률로 발생할 수 있는 비상 상황까지 미리미리 훈련해서 철저하게 대비하고 있다는 말씀. 이제 비행기가 가장 안전한 탈것이라는 아빠 말 인정하는 거지?

자나 깨나 준비물 조심

날씨 : 맑음, 항로 기상 상태 좋은 것으로 예보
비행 일정 : 인천 ···› 미국 LA

한동안 흔들리던 비행기가 이제야 안정을 찾은 것 같아. 오늘은 날씨가 좋을 거란 기상 예보를 받아서 '편하게 비행을 하겠구나!' 하고 가벼운 마음으로 출발했는데, 웬걸! 환영 방송을 마치고 얼마 지나지 않아 비행기가 갑자기 흔들리기 시작하더니, 한 시간 정도 지나서야 겨우 얌전해졌어.

"오늘은 날씨가 좋아 부드러운 비행이 예상됩니다!"

자신 있는 목소리로 이렇게 방송을 했는데, 한 시간 동안이나 흔들리다니! 마치 거짓말쟁이가 된 것 같은 기분이지 뭐야.

지금 아빠는 근무 교대(장거리 비행 시, 세 명의 조종사가 번갈아 가며 쉬는 것)를 하고 휴식 중이야. 휴식 시간이 지나면, 지금 비행기를 조종하고 있는 파일럿 아저씨가 휴식을 취하고, 아빠는 다시 비행을 해야 해. 왜 한 사람이 계속 비행하지 않고 번거롭게 좁은 비행기 안에서 교대를 하냐고? 파일럿이 돌아가며 휴식을 취하는 게 안전한 장거리 비행을 위한 방법이거든.

얼마 전, 학교에서 돌아온 네가 아빠를 보자마자 한마디 툭 던졌지?

"아빠는 오늘도 놀고 있네?"

그래서 내가 "이건 놀고 있는 게 아니라 다음 비행을 위해 휴식을 하는 거야."라고 대답했지. 네 눈에는 비행을 마치고 휴식을 취하는 아빠의 모습이 놀고 있는 것같이 보였을 수도 있을 거야. 매일매일 학교에 가야 하는 네 입장에서는 특히 더 그렇게 느껴졌겠지.

다시 말하지만 아빠는 놀고 있는 게 아니야. 다음 비행을 위해 휴식을 취하는 거라고!

그런데 오늘 소중하디소중한 비행 중 휴식 시간에—심지어 쉬는 날도 아닌—짬을 내서 너에게 글을 쓰는 이유는, 비행 중에 어이가 없기도 하고, 재미있기도 한 일이 일어나서야. 당사자 입장에서는 무척 황당했을 것 같기도 하지만.

비행기가 이륙한 지 한 시간 정도 지났을 때 회사에서 이메일이 한 통 왔어. 응? 지상에서 보내는 이메일을 어떻게 공중에서 받아 보냐고? 비행기에서는 위성을 통해 바로바로 연락이 가능해. 이런 일쯤이야 식은 죽 먹기지.

> 인천 공항에서 김○○ 승객이 여권을 찾고 있으니, 좌석 12D에 앉아 있는 오○○ 승객에게 김○○ 승객의 여권을 갖고 있는지 확인해 보세요.

바로 승무원 누나에게 확인을 해 보라고 부탁했더니, 뜨헉! 어이없게도 정말 오○○ 승객이 김○○ 승객의 여권을 갖고 있는 거야. 순간, 한 시간 전에 인천 공항에서 출발 시각이 지나도록 승객 한 명이 나타나지 않았던 일이 떠올랐어. 제시간에 도착하지 못한 승객 때문에 예정보다 이십 분이나 늦게 출발했거든. 어떻게 된 일인지 상황을 좀 정리해 볼까?

인솔자 한 명이 LA로 여행을 가는 일행의 여권과 비행기 탑승권을 전부 모아서 갖고 있었어. 그런데 일행 중 한 명이 약속 시간보다 늦게 도착한 거야. 늦어도 너~무 늦었지. 기다리다 못한 일행은 그 사람만 빼놓고 먼저 탑승 수속을 받았고, 늦게 오는 사람의 비행기 탑승권을 티켓 카운터에 맡겨 놓았어. 다행스럽게도 탑승 수속이 마감되기 직전에 마지막 승객이 도착했고, 일행이 맡겨 놓은 탑승권으로 탑승 준비를 무사히 마칠 수 있었어.

그런데 이게 웬 날벼락? 출국 수속을 밟으려고 여권을 찾아보니, 당연히 갖고 있을 거라고 생각한 여권이 그 어디에도 없는 거야. 비행기는 출발을 지연하면서까지 그 승객을 기다려 주었어. 하지만 끝내 여권을 찾지 못하자, 어쩔 수 없이 그 승객을 남겨 둔 채 출발을 하고 말았지. 비행기가 출발하고 한 시간이 지난 뒤에, 그 승객이 인솔자가 자기 여권을 갖고 있다는 사실을 생각해 낸 거야. 그래서 비행기에 이메일로 확인 요청을 한 거지.

만화 속에서나 있을 법한 일이 실제로 벌어진 거야. 하긴, 아빠도 예전에 비슷한 실수를 한 적이 있어. 이런 걸 동병상련이라고 해야 하나? 그 승객이 얼마나 당황했을지 눈앞에 훤히 그려졌어.

아빠가 비행 나가기 전날마다 유니폼을 미리 준비해 두는 거, 너도 알고 있지? 깨끗하게 세탁된 와이셔츠와 바지는 손이 베일 정도로 빳빳하게 다림질을 하고, 구두는 파리가 미끄러질 정도로 광을 내잖아. 왜 그렇게 하냐고? 깨끗하고 단정한 이미지로 승객들에게 좋은 인상을 줘야 하니까. 복장이 승객에 대한 최소한의 예의라고 생각하기 때문에 철저하게 준비하는 거야.

그러고 나서 나만의 점검표를 보면서 하나하나 확인을 하는데, 특히 중요하게 여기는 것 두 개는 몇 번이고 다시 확인한단다. 그 두 개가 뭐냐고? 바로 '여권'과 '아이디 카드'야.

여권은 승객뿐 아니라 파일럿도 꼭 챙겨야 하는 외국 여행의 필수품이지. 아이디 카드는 파일럿의 신분을 증명하는 표지 같은 거라서 자기 전에도 확인, 출근 전에도 확인, 도착해서도 확인, 확인 또 확인해야만 해. 아이디 카드가 있어야 승무원만 들어갈 수 있는 구역에 출입이 가능하거든.

그렇게나 확인을 했는데도, 얼마 전에 아이디 카드를 집에 두고 나와서 엄마가 인천 공항까지 가져다준 적이 있어. 그러니 확인하고 또 확인하는 방법밖에 없는 모양이야.

구리야, 너도 오늘 학교 준비물을 빠뜨리고 가더구나. 그런 널 보면서

여기서 잠깐!

파일럿의 점검표 엿보기

- **여권** : 외국 여행의 필수품
- **승무원 등록증** : 파일럿임을 증명하는 증서
- **아이디 카드** : 항공사 승무원임을 증명하는 증서
- **신체검사 증명서** : 신체검사를 통과하여 비행에 적합하다는 증명서
- **라디오 면장** : 관제사와 무선 통신을 허가하는 증명서
- **운송용 파일럿 면장** : 파일럿이 조종하는 비행기의 기종 및 파일럿의 자격이 명시된 증명서
- **전천후 기상 비행 허가증** : 어떤 날씨에도 비행이 가능한 자격을 갖추었다는 증명서
- **LOG BOOK** : 비행 기록을 적는 노트
- **기타 개인 소지품** : 손전등, 선글라스, 필통, 개인 사물

앗, 내 노트!
앗, 내 여권!

아빠는 '저 녀석, 영락없이 내 아들이라니까! ㅋㅋㅋ' 하며 슬그머니 웃었단다. 아빠도 학창 시절에 준비물을 자주 빠뜨리고 가서 할머니를 바쁘게 만들곤 했거든.

구리야, 이참에 너만의 점검표를 만들어 보는 건 어떻니? 학창 시절에 그렇게 준비물을 깜빡깜빡하던 아빠도, 파일럿이 된 뒤 점검표를 사용하면서부터는 준비물을 잊는 일이 거의 없거든. (이 부분에 대해선 엄마에게 물어보지 않는 걸로 하자꾸나.)

여기서 한 가지 덧붙이자면, 사람은 누구나 살면서 실수를 하게 돼. 모든 것을 완벽하게 하겠다는 생각을 버리는 게 좋아. 사람이 기계같이 완벽하다면 얼마나 재미없겠니?

아, 어느새 휴식 시간이 반이나 지나갔네. 아빠는 멋진 착륙을 위해 잠시 눈을 붙이고 나서 다시 조종실로 돌아가야겠다.

비행기가 뜨는 데 필요한 사람들

날씨 : 맑음
비행 일정 : 미국 뉴욕 ⋯› 인천

오늘 비행을 마치고 나오는데, 꼬마 녀석 하나가 달려오더니 아빠에게 떡하니 경례를 하고는 이렇게 묻더구나.

"조종사 아저씨가 비행기에서 대장이죠?"

아빠가 웃으며 "아저씨가 기장은 맞는데, 대장은 아니란다."라고 했더니, 알쏭달쏭한 표정으로 고개를 갸웃거리지 뭐야.

비행기 승무원이라면 조종과 관련된 운항을 맡고 있든, 승객을 응대하는 객실을 맡고 있든, 모두 유니폼을 입고 있으니 마치 군인처럼 계급이 있다고 생각했던 모양이야.

그런데 그 꼬마뿐 아니라 아빠 친구 중에도 "비행기에서 네가 제일 높은 사람이니까 네 맘대로 할 수 있어 좋겠다."라고 말하는 사람이 있어.

그건 기내 문화를 잘못 알고 있어서 그래. 기장이 비상시에 비행기의 리더로서 모든 역할을 주도하는 건 사실이야. 하지만 비행기 한 대를 띄우기 위해서는 여러 분야의 사람들이 각자의 업무에 충실해 줘야 해. 그러니까 대등한 관계 속에서 긴밀히 협조해야 한단 말이지.

응? 비행기에 탈 때 파일럿 아저씨하고 승무원 누나밖에 못 봤다고? 그럼 이번 기회에 비행기 한 대가 뜨기 위해서는 얼마나 많은 사람들이 눈에 띄지 않는 곳에서 일을 하고 있는지 제대로 알려 주마. 에헴!

먼저 정비사, 운항 관리사, 관제사가 있어. 파일럿과 가장 밀접한 관계가 있는 사람들이지. 그중에서 '정비사'는 고장이 난 비행기를 수리하거나, 앞으로 고장이 날 수 있는 부분을 미리 찾아내 예방하는 일을 해. 간단하게 말하면 '비행기 의사'라고나 할까? '운항 관리사'는 파일럿이 비행을 하는 데 필요한 서류를 작성해 주고, 구체적이고 세세하게 운항 계획을 세우는 일을 해. 비행기의 연료 소비량까지 계산하지. '관제사'는 비행기가 이륙하고 착륙하는 것은 물론, 공항 내에서의 이동 등 비행기의 모든 움직임을 통제하는 사람들이야.

파일럿도 그런 일을 하는 사람들과 직접 만날 기회는 많지 않아. 그래서 얼굴도 모르는 경우가 대부분이지만, 항상 그들의 노고에 고마워하고 있어. 이게 전부냐고? 아니, 이제 시작인걸!

여객기는 승객을 다 태우고 나면, 일단 비행기를 뒤로 민 다음 시동을 걸고 앞으로 나아가도록 되어 있어. 주기장(비행기에 화물을 싣거나 기름을 넣는 곳. 비행기 주차장이라고 생각하면 쉽겠다.) 중에 게이트에서 멀리 떨어진 곳을 '리모트 주기장'이라고 불러. 간혹 여기에 비행기를 세운 경우에는 뒤로 밀지 않고 바로 앞으로 나아가기도 해. 하지만 대부분은 먼저 뒤로 밀어야만 하지. 이때 비행기를 뒤로 밀어 주는 일을 하는 사람이 있어.

호칭이 따로 있지는 않지만, 뒤로 민다는 의미로 '푸시맨(Push Man)'이라고 부를게. 푸시맨들은 두부처럼 납작하게 생긴 차량을 이용해서 비행기를 밀어 주는데, 얼핏 간단해 보여도 상당히 어려운 일이야. 날씨가 추워서 바닥이 얼어 있다거나, 날개 폭이 70~80m나 되는 대형 비행기를 밀어야 할 때는 고도의 숙련자가 아니면 결코 해낼 수 없거든. 근처에 있는 다른 비행기를 피해 원하는 위치로 정확히 밀어야 하니까.

네가 어릴 적에 유모차를 직접 밀겠다며 고집부리다가 유모차가 그만 뒤집어져 동생을 땅바닥에 내동댕이친 일 기억나니? 조그만 유모차를 움직이는 데에도 힘과 기술이 필요한데, 큰 비행기를 움직일 때는 말할 것도 없겠지?

이번에는 비행을 마친 비행기가 승객을 내려 주기 위해 주기장에 들어오는 장면을 생각해 보자. 어떤 사람들이 도움을 줄까?

비행기가 승객을 내려 주기 위해 주기장에 들어오면 '마샬러(Marshaller)'라고 부르는 사람들이 맨 먼저 등장해. 비행기를 정해진 지점에 똑바로 세울 수 있도록 유도하는 사람들이야. 비행기를 마주 보고 서서, 지상에

그려진 노란선 위에 비행기 앞바퀴가 정확히 닿도록 유도하고, 비행기 속도를 알맞게 줄여서 안전하게 이동할 수 있도록 돕는 거지. 어떻게 유도하냐고? 무전기로? 아니야. 마샬러는 야구 감독이 선수에게 사인을 보내듯, 파일럿에게 계속해서 수신호를 보내. 파일럿은 수신호에 맞춰 비행기를 이동하는 거야.

마샬러의 신호에 따라 조심조심 속도를 줄이다가 '0'이 되는 순간 비행기가 정지하게 돼. 이 순간은 마치 아빠의 호흡도 점차 줄어들다가 멈추는 것 같은 느낌이 들 정도로 긴장된단다. 시속 1,000km를 넘나드는 비행기의 속도를 0km가 될 때까지 줄여서 정확한 지점에 세운다는 건 엄청

비행기에 수신호를 보내는 마샬러의 모습

난 집중력을 필요로 하는 일이니까.

이때 마샬러와 한 조가 되어 비행기 유도를 돕는 사람을 '윙 가드(Wing Guard)'라고 해. 비행기 날개 끝 부근에 경광등을 들고 서서 주변 장애물이나 옆 비행기와의 안전거리를 확인하는 일을 해. 비행기가 착륙할 때 창문 밖을 주의 깊게 본 사람들은 기억이 나려나? 형광색 상의를 입고 열심히 손동작을 하는 사람들 말이야. 이 사람들은 창문을 통해 볼 수 있으니까 기회가 되면 손인사로 감사의 마음을 전해도 좋을 것 같구나.

이렇게 비행기가 주기장에 정지하면 공항과 비행기를 연결하는 통로인 브리지(Bridge)를 운전해 비행기에 부딪히지 않도록 연결하는 사람들이 있어. 이 사람들을 부르는 이름이 따로 있는 건 아니지만, 브리지 연결은 승객의 안전과 바로 연결되기에 온 신경을 집중해야 하는 일이야. 만일 브리지와 비행기 사이에 간격이 생기면, 비행기에서 내리던 승객의 발이 빠질 수도 있으니까. 마치 지하철과 승강장 사이의 간격이 넓을 때 발이 빠지는 것처럼. 이 사람들이 맡은 일에 최선을 다하기 때문에 우리가 안전하게 비행기에서 내려올 수 있는 거야.

승객들이 다 내리고 나면 비행기 안은 마치 시장의 한복판처럼 어질러져 있지. 장시간 비행하는 동안 승객들이 이용한 담요나 신문, 잡지 등이 마구 흩어져 있으니까. 이런 비행기를 특급 호텔 상태로 다시 만드는 사람들이 있어. 바로 비행기 청소를 담당하는 '미화원'들이야. 미화원들은 청소와 정리의 진정한 달인이라 할 수 있지. 스르륵 하고 지나가면 뽀얗게 쌓인 먼지 위에 청소기가 지나간 듯 길이 생기면서 말끔히 정리가 되거든. 그 큰 비행기를 삼십 분 안에 완벽하게 정리하는데, 달인이란 소리를 들어야 마땅하지 않겠니?

아, 그리고 비행기에도 철가방 아저씨가 있어. 물론 철가방을 들고 와서 '자장면 시키신 분!' 하고 소리치지는 않지만, 진정한 행복과 기쁨을 배달해 주지. 바로 승객들이 먹는 기내식을 실어 주는 사람들이야. 왜 진정한 행복과 기쁨을 배달해 준다고 했는지 이제 알겠지?

또 '로드 마스터(Load Master)'라고 화물을 담당하는 사람들이 있어. 화물을 분류하고, 포장하고, 정확하게 싣는 일을 담당하지. 비행기에 화물을 분류해서 싣는다는 건, 항공기 조종에 큰 영향을 미칠 뿐 아니라 승객의 안전에도 직접적인 영향을 주기 때문에 전문성이 상당히 필요한 일이야. 화물을 막 싣다가 비행기가 뒤로 넘어진 경우도 있고, 짐칸에 실린 햄스터가 탈출해서 비행기의 출발이 지연된 적도 있거든.

이외에도 비행기에서 사용하는 물을 채워 주거나, 비행기 정화조를 청소하는 사람들, 비행기 연료를 채우는 사람들도 있어. 또 네가 볼 수는 없지만 공항 주변의 새 떼를 쫓아내는 'BAT'도 있어. 영어에 자신이 있는 녀석들은 박쥐를 연상해서 곧장 '배트 맨'을 떠올리겠지만, BAT는 Bird Attack Team의 줄임말이야.

그런데 새가 무슨 잘못을 하기에 공항에서 쫓아내냐고? 조그만 새가 비행기 엔진에 빨려 들어가면 수백 명에 달하는 승객의 생명을 위협하는 일이 발생할 수 있어. 그러니 새를 쫓는 일은 비행기 안전에 꼭 필요한 부분이라고 할 수 있지.

그 밖에도 눈을 치워 주는 사람들, 공항 내에서 셔틀버스를 운행하는 사람들, 경비와 검색을 담당하는 사람들 등 많은 사람들이 비행기 한 대를 안전하게 띄우기 위해서 최선을 다하고 있어.

어때? 눈에 보이는 화려한 공항과 휘황찬란한 면세점, 편안한 비행기가 다가 아니지? 이처럼 숨은 곳에서 자신의 능력으로 다른 이를 빛내 주는 사람들의 노고도 잊지 않았으면 좋겠구나.

구리야, 이런 말을 하면 네가 조금 서운해할지도 몰라. 아빠는 내 아들이 남들보다 반드시 뛰어나서 리더가 되어야 한다고 생각하지 않아. 그런 바람은 원하는 사람들에게 양보하고, 너는 네가 하고 싶은 일을 하면서 즐겁고 보람되게 살았으면 좋겠어.

지금까지 너에게 딱히 '어떤 사람이 되어라.', 혹은 '어떤 일을 하라.'고 말하지 않은 건, 어떤 일을 하는지는 그다지 중요하지 않다고 생각하기 때문이야. 그보다는 어떤 사람으로 사느냐가 더 먼저라는 생각이 들어.

아들, 비행기 한 대가 뜨기까지 보이지 않는 곳에서 최선을 다하는 사람들이 있는 것처럼, 너 역시 어디서 무슨 일을 하든지 꼭 필요한 사람이 될 수 있을 거라고 아빠는 굳게 믿는다!

여성 파일럿이 되고 싶어요!

날씨 : 맑음
비행 일정 : 인천 ⋯› 호주 브리즈번

하하하하~. 오늘 아빠와 같이 비행할 파일럿이라며, 생머리 길게 흩날리는 미모의(!) 부기장 누나를 너에게 소개시켜 주었을 때 당황하던 너의 표정이 떠올라 아직까지도 웃음이 멈추지 않아.

누나의 미모에 반했는지 얼굴을 붉히며 말을 버벅거리더니, 궁금한 걸 직접 물어볼 용기는 없는지 아빠만 귀찮게 만들더구나. 사실 여성 파일럿의 숫자가 적다 보니 아빠 역시 같이 비행할 기회가 별로 없어서 제대로 이야기를 나눠 보지 못했어. 네 호기심 덕분에 아빠도 많은 것을 알 수 있는 기회가 되었지. 그나저나 그렇게 숫기가 없어서 앞으로 어떻게 하려고 그러니!

아빠는 개인적으로 여성 파일럿이 웬만한 남성 파일럿보다 우수할 거라고 생각해. 남자 체면에 자존심도 없냐고? 다 그럴 만한 이유가 있어.

사실 비행 훈련은 신체적으로 여자들에게 쉽지 않다고 알려져 있고, 실제로도 그런 것 같아. 그런데도 그 힘든 과정을 피나는 노력으로 극복해 파일럿이 되었다면, 분명 남성 파일럿들에 비해 더 많이 연습하고 더 많이 훈련했다고 봐야 하지 않을까? 네가 오늘 만난 누나도 항공대학교를 졸업하고 삼 년 정도 비행 훈련을 받은 후 정식으로 파일럿이 되었다고 해. 오늘 넌 정말로 대단한 누나를 만난 거야.

지난여름에 파일럿을 꿈꾸는 여고생들이 아빠를 인터뷰하러 와서 수줍은 얼굴로 복분자 주스를 놓고 갔던 일 생각나니? 아빠는 당차고 씩씩한 그 소녀들의 마음이 예쁘고 고마워서 복분자 주스를 두고두고 아끼며

먹었단다. 그 녀석들이 가져온 선물도 독특했지만, 면담 신청 메일도 반은 협박에다가 반은 당돌하기까지 했거든. 뭐라고 보냈냐고?

안녕하세요, 한고희 기장님!

기장님께서 스케줄이 괜찮으시면, 2박 3일 해병대 캠프를 다녀와 꼭 면담을 하고 싶습니다. 저희는 수원에 살고 있지만, 지하철이나 버스를 타면 서울까지 갈 수 있으니 조금도 상관없습니다.

장소와 시간을 정해 주시면 찾아가겠습니다. 질문 목록을 보내 드립니다. 존경합니다. 감사합니다. 안전 비행하세요!

질문 목록

Q1. 왜 파일럿이 되셨나요?

Q2. 파일럿이 되기까지 가장 힘드셨던 점은?

Q3. 학력이나 필요한 자격증은?

Q4. 어떤 적성을 가진 사람에게 어울릴까요?

Q5. 파일럿이라는 직업을 추천하시나요?

Q6. 파일럿이 된 걸 후회하신 적은 없으신가요?

Q7. 비행기를 운행하시면서 가장 뿌듯하셨던 순간은?

Q8. 비행기를 운행하시면서 가장 후회스러우셨던 순간은?

Q9. 여행하신 곳 중에서 가장 좋으셨던 나라는?

Q10. 이 일을 하시면서 힘든 점과 좋은 점은 무엇인가요?

Q11. 비행기를 조종하실 때 어떤 생각을 하시나요?

Q12. 여성이 파일럿이 되는 데 제약이 있나요?

Q13. 앞으로의 전망은 어떤가요?

Q14. 이 직업을 선택하려는 학생들에게 해 주시고 싶은 말 / 조언은 무엇인가요?

이런 내용의 메일이었어. 숫기가 유난히 없는 구리, 너라면 아마도 이렇게 무작정 이메일을 보내기는 힘들었겠지. 여고생들의 인터뷰 내용 중에서 여성 파일럿에 대한 질문만 간추려서 소개해 줄까 해.

Q. 여성 파일럿이 되는 데 제약이 있나요?

A. 남녀 차별은 물론이고, 문과·이과 차별도 없어요.

Q. 여자는 공간 지각 능력이 떨어져서 파일럿이 되기 어렵다고 하던데요?

A. 일반적으로 여자가 남자에 비해 공간 지각 능력이 부족한 것으로 알려져 있긴 하지만, 공간 지각 능력도 반복적인 훈련과 개인적인 노력으로 해결할 수 있어요. 비행 훈련은 반복적인 훈련을 통해 기술을 습득하는 과정인데, 경우에 따라 초기 적응이 좀 늦을 수는 있지만 여성이기 때문에 따라가지 못하는 일은 결코 없어요. 의지와 노력이 있으면 그 어느 것도 장애물이 될 수 없답니다.

Q. 여성 파일럿의 숫자가 적은 이유는 무엇 때문인가요?

A. 파일럿이 되기 위해 지원하는 여성이 적기 때문이에요. 여성 파일럿을 많이 선

발하려고 해도 선발할 대상이 많지 않아요. 아직까지 대다수의 여성들이 비행기나 파일럿에 대해 흥미가 없다는 게 문제라고 할까요?

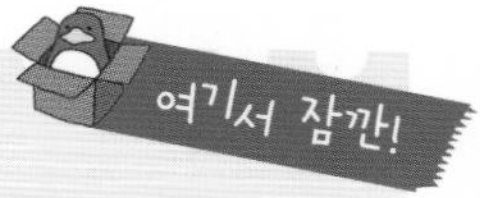

파일럿이 되는 방법

우리나라에서 파일럿이 되는 방법은 크게 두 가지가 있다. 우선 대학교에서 파일럿 관련 학과를 전공하는 방법이다. 대표적인 곳으로 항공대학교와 한서대학교가 있다. 각 학교의 항공운항과를 졸업하고(학교에 따라서는 다른 학과를 졸업해도 가능하다.) 해당 비행 교육원에서 조종 교육을 받아야 한다. 이 과정은 학비뿐 아니라 교육에 필요한 비용까지 개인이 부담해야 하기 때문에 훈련생 모집 인원이 적은 편이다. 그러나 교육을 마친 후 비교적 단시간에 민항기 파일럿이 될 수 있다.

다른 방법은 육·해·공군의 교육 기관을 거쳐 파일럿이 되는 것이다. 대표적인 곳이 바로 공군사관학교이다. 공군 파일럿은 대체로 공군사관학교를 졸업해야 하지만, 조종 장학생·조종 사관 후보생 제도를 통해서도 파일럿이 될 수 있다. 각 군에서는 파일럿 지원자를 대학 졸업자 중에서 뽑거나, 대학교에 재학 중인 학생을 대상으로 학비를 지원해 주고 대학 졸업 후 해당 군의 파일럿으로 선발하기도 한다. 군에서 운영하는 모든 과정은 개개인의 교육비 부담이 없고, 군 경력을 통해 비행 경력을 쌓을 수 있다는 장점이 있다. 대신 장기간에 걸쳐 의무적으로 복무해야 한다.

위에서 소개한 두 가지 방법 외에도 취미로 비행기 조종을 할 수 있는 다양한 교육 기관이 있고, 해외에서도 자격 조건을 취득할 수 있기 때문에 파일럿이 될 수 있는 방법은 매우 다양한 편이다. 물론 해마다 모집 요강이 조금씩 바뀔 수 있으니 구체적인 입시 전형과 선발 과정에 대해서 해당 대학교나 병무청, 군 기관에 직접 확인하는 과정이 반드시 필요하다.

- **공군사관학교 홈페이지** : http://www.afa.ac.kr
- **한국항공대학교 항공운항학과** : http://www.hangkong.ac.kr
- **한서대학교 항공운항학과** : http://www.hanseo.ac.kr

혹시 네 친구 중에 파일럿이 되기를 꿈꾸는 여학생이 있다면 파일럿 아들내미 생활 십여 년의 노하우를 전수해 주면 좋겠구나. 파일럿이 되는 데 있어서 '여자'라는 성별은 결코 장애가 되지 않는다는 사실을 말이야. 그리고 이웃 나라 일본에서는 2011년에서야 최초로 여자 기장이 배출되었는데, 우리나라에서는 이보다 훨씬 더 오래전에 여자 기장이 나왔잖니? 앞으로 더 많은 여성 파일럿이 배출되기를 기대한다는 얘기도 함께 해 주면 좋겠어.

아빠를 찾아와 인터뷰한 당찬 여학생들처럼 도전 정신으로 충만한 여성들이 우리나라의 미래를 밝게 만들 거라는 생각이 들어. 훗날 네가 이렇게 씩씩한 여성을 만나 결혼한다면 아빠 마음이 참 든든하겠다는 생각도 들고.

물론 잘못하면(?) 아빠같이 애처가가 될 수도 있지만, 조금만 싹싹하게 움직이면 돌아오는 것도 많으니……, 한평생 사는 데 크게 나쁘지 않을 것 같아. 어쨌든 속는 셈치고 너의 모친이 늘 주장하는 '아내 말 잘 들으면 자다가도 떡이 생긴다!'는 말을 한번 믿어 보는 건 어떻겠니?

파일럿이 되면 뭐가 좋을까요?

날씨 : 맑음
비행 일정 : 오늘은 쉬는 날

요즘 텔레비전이나 인터넷을 보다 보면, '조건'에 대한 얘기가 무척 많아진 것 같더구나. '훌륭한 아빠가 되기 위한 조건', '좋은 직장 상사가 되기 위한 조건', '나쁜 남자가 되기 위한 조건' 등등.

이런 문구를 보다가 문득 이런 생각이 떠올랐어. 내가 좋은 아빠가 되기 위한 조건을 갖추었는지는 구리 너의 판단에 달렸겠지만, (현명하게 판단하려무나. 용돈이 늘어나는 건 네 대답에 달려 있으니.) 훌륭한 파일럿이 되기 위한 조건을 갖추었는지는 누가 판단해 줄까?

구리야, 너는 파일럿이 되기 위해서 뭐가 제일 필요하다고 생각하니? 뭐, 관심 없다고? 아빠는 네 생각을 하며 이 글을 쓰고 있건만, 항상 이런 식이라니. 착한 아들이 되기 위한 조건은 어디 없다니?

아빠가 판단하기로, 파일럿이 되기 위해서는 '체력', '지식', '정신력' 이 세 가지가 꼭 필요한 것 같아. 체력을 첫 번째로 꼽은 것은 시차를 수시로 넘나들고 종종 밤을 새워 가며 비행을 하기 위해서는 강한 체력이 뒷받침되어야 하기 때문이야. 강한 체력은 하루아침에 갑자기 만들어지는 게 아니니까, 어릴 적부터 꾸준히 운동을 하는 등 규칙적인 생활 습관을 키워야만 가능하지.

지식의 경우 최소한 4년제 대학을 졸업하거나 그 이상의 학력을 갖추어야만 해. 나날이 첨단화되어 가는 비행기의 지침서(매뉴얼)나 관련 문서 등을 이해해서 안전한 운항에 적용하기 위한 필수 능력이기 때문이지. 거기다 영어를 비롯한 외국어 구사 능력을 갖추고 있다면 파일럿 생활을 보다 재미있게 할 수 있단다.

마지막으로 정신력인데, 위의 두 가지 조건과 비교했을 때 제일 중요하다는 생각이 들어. 정신력 안에는 책임감까지 포함되어 있기 때문이야. 승객의 안전을 자신의 생명보다 우선으로 생각하는 무거운 책임감 말이야.

자, 아빠가 말한 이 세 가지 조건은 파일럿이라면 균형 있게 골고루 갖춰야만 해. 세 가지 중 어느 한 가지 능력만 탁월해서도 안 되고, 어느 한 가지 능력이 모자라서도 안 되기 때문이지. 물론 세 가지 조건을 완벽하게 갖추지 못했다고 지레짐작해서 포기하지 말고, 하나씩 준비해 나가는 자세가 제일 중요하겠지.

파일럿은 다른 전문직에 비해 이직률이 낮고 직업 만족도가 매우 높은 편이야. 아무래도 비행기를 조종하고 싶다는 꿈을 어릴 적부터 키워 오거나, 파일럿이라는 직업을 스스로 선택한 경우가 대부분이니까.

만일 부모나 주변 사람들의 강요로 파일럿의 길을 걷게 되었다면, 힘든 비행 교육 과정을 통과하지 못하거나, 어쩌다 파일럿이 되었다고 해도 비행하는 시간이 매우 고통스럽게 다가올 수 있을 거야. 아빠는 그런 사례들을 주변에서 많이 보아 왔기에, 반드시 자기 스스로의 의지로 파일럿이 되고 싶은 사람만 지원하라고 권하고 싶어.

이렇게 자연적으로 걸러지는 과정이 있다 보니, 이미 파일럿이 된 사람의 경우에는 자기 일에 대한 만족도가 높고 직업에 대한 자부심 또한 매우 강할 수밖에 없지.

아빠가 학생들과 이야기할 때, 가끔 '파일럿이라는 직업의 장점이 뭐라고 생각하니?'라고 묻곤 해. 그럼 대부분의 대답은 이런 식이야.

"세계 여러 곳을 자유롭게 여행할 수 있는 거요."

"돈을 많이 벌어요."

"엄청 폼 나잖아요."

뭐, 틀렸다고 말할 수 있는 부분은 없어. 하지만 아무래도 아직 어린 학생들이다 보니 겉으로 보이는 점만을 생각하기 쉽겠지. 조금 더 구체적으로 이야기하자면, 파일럿이라는 직업은 문과와 이과의 구분이 없고, 남녀 차별이 없어서 '누구나' 도전해 볼 수 있어.

반대로 '파일럿이라는 직업의 단점에는 어떤 것들이 있을까?'라고 물

어보면 답변이 다들 비슷비슷해.

“위험한 직업이에요.”

“높은 데 올라가면 무서울 것 같아요.”

“수시로 가족과 떨어져 살아야 해요.”

맞는 말이긴 한데, 아빠가 생각하는 파일럿이라는 직업의 가장 큰 단점은 평생 공부해야 한다는 거야. 사실은 아빠도 구리, 너만큼이나 공부하기를 싫어하거든. 그 외에도 체력 관리를 포함해서 파일럿으로 살아가려면 많은 노력들이 필요하지만, 그건 아빠와 같은 파일럿의 길을 걷게 되면 자연스레 알게 될 일이니 여기서는 생략할게.

파일럿이라는 직업은 여러 친구들이 말했듯이, 매번 새로운 목적지를 향해 비행하기 때문에 반복적인 생활에서 오는 지루함을 느낄 틈이 없고, 승진에 대한 부담감에서 벗어나 좋아하는 비행에만 전념할 수 있다는 게 매력이라는 생각이 들어.

그리고 일반 직장에 다니는 여느 아빠들처럼 잦은 회식이나 모임 등의 스트레스가 없다 보니, 가족과 많은 시간을 보낼 수 있다는 점도 큰 장점 중의 하나야.

그리고 이건 그냥 나만의 생각인데, 파일럿이라는 직업의 가장 큰 매력은 다른 사람들의 행복을 나누는 데서 오는 것 같아. 아무래도 비행기는 낯선 곳으로 여행을 시작하거나 그리운 사람을 만나러 가는 경우에 주로 이용하다 보니, 다른 사람의 아픔이나 고통보다는 주로 기쁨이나 설렘과 함께하게 되니까 말이야. 파일럿의 가장 큰 행복은 여기에 있지 않나, 하는 생각이 들어.

그래서 사실 아빠도 네가 파일럿에 도전해 보았으면 했는데, 전혀 관심을 보이지 않으니……, 나중에 손주에게나 한번 기대해 봐야겠구나.

여기서 잠깐!

민항기 파일럿이 되기 위해 갖춰야 할 조건

자동차를 운전하기 위해서 자동차 운전 면허증이 필요하듯이, 파일럿 역시 비행기를 조종하기 위해 면허증이 필요하다. 따라서 파일럿에게 필요한 '자가용 면허증', '사업용 면허증', '운송용 면허증'의 세 단계 면허증을 기본으로 취득해야 한다. 또한 항공사별로 다르긴 하지만, 비행 경험을 조건으로 요구하는 경우도 있다.

뿐만 아니라 까다로운 신체검사를 통과하기 위해 건강한 신체를 유지해야만 한다. 특히 눈이 나쁜 경우, 신체검사에서 탈락할 수 있으므로 좋은 시력을 유지하는 게 필수적이다.

또한 비행 도중 해외 공항의 관제사와 대화가 가능한 정도의 외국어 구사 능력도 꼭 필요하다. 항공 구술 영어(EPTA)라는 관련 시험도 있으니 참고하도록 하자.

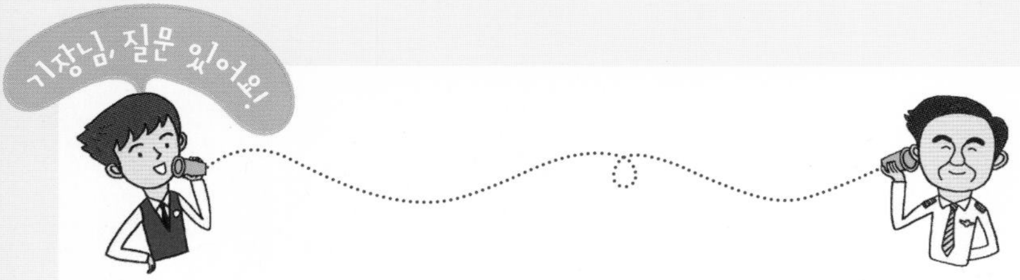

Q 전투기를 조종하고 싶은데, 꼭 공군사관학교를 가야 하는 건가요?

A 일단 공군사관학교에 입학하는 게 가장 수월해요. 하지만 다른 방법이 없는 건 아니에요. 항공대학교나 한서대학교 등 몇몇 대학교의 항공운항학과를 졸업한 후 공군 파일럿으로 복무하거나, 일반 대학교의 '조종장학생' 제도를 거쳐 전투기 파일럿이 될 수 있어요.

Q 공군사관학교에 진학하면 누구나 파일럿이 될 수 있나요?

A 공군사관학교에 입학하더라도, 4학년 때 실시하는 최종 신체검사에서 떨어지면 비행 훈련을 받을 수 없어요. 또 신체검사에 합격하더라도 초등, 중등, 고등 등 단계별 훈련을 무사히 통과해야 파일럿이 될 수 있어요. 비행 훈련을 견디지 못하고 탈락하는 교육생들이 생기기도 해요.

Q 공군사관학교 파일럿은 전부 전투기를 조종하나요?

A 많은 사람들이 '공군'이라고 하면 전투기를 조종한다고 생각해요. 하지만 고등 과정을 거치면서 자신의 적성에 맞게 전투기, 수송기, 헬기 등으로 나눠서

대한민국 공군에서 사용하는 CN235 수송기

배정을 받게 되지요. 모든 공군 파일럿이 전투기만 조종할 수는 없지 않겠어요? 아저씨도 'CN235'라는 군용 수송기를 조종했답니다.

Q 시력이 나쁘면 파일럿이 될 수 없나요?

A 신체검사에서 중요하게 생각하는 조건 중의 하나가 바로 시력이에요. 시력이 나쁘면 신체검사에서 떨어질 정도니까요. 기준은 나안으로 0.5 이상이 되어야 해요. 즉, 안경을 벗었을 때 시력이 0.5 이상만 되면 신체검사를 통과할 수 있어요.

Q 비행 훈련이 체력적으로 많이 힘든가요?

A 초등 과정은 그런대로 괜찮은데, 중등 과정에서는 신체적으로 맞지 않는 사람들이 더러 탈락하기도 해요. 공중에서 360도 회전을 한다거나, 갑자기 공중으로 솟구치는 훈련을 하거든요. 그럼 기절을 하거나 구토를 하는 훈련생들도 생기지요. 신체적으로 알맞은 사람이라고 하더라도 이런 과정을 견디는 데는 체력이 무척 중요해요.

하지만 아저씨도 고소 공포증이 있었지만 파일럿이 되었어요. 사람이 최선을 다하면 극복할 수 없는 일은 없답니다. 꿈이 있다면 망설이지 말고 일단 도전해 보세요!

중등 훈련을 받을 때의 모습

chapter 2

비행기에서는 어떤 하루를 보낼까?

- '하늘을 나는 닭장'을 들어 보았나요?
- 오토 파일럿은 헛똑똑이야!
- 고래가 너무 부러워
- 배에서 유래된 A380 이야기
- 창문에 얽힌 중대한 비밀
- 실력 있는 조종사, 실력 없는 조종사

‘하늘을 나는 닭장’을 들어 보았나요?

날씨 : 맑음
비행 일정 : 인천 ⋯› 프랑스 파리

구리야, 아빠가 퀴즈 하나 낼 테니까 맞춰 봐!

여기는 어디일까요?

이곳은 일명 ‘닭장’이라고 부릅니다. 넓이는 3제곱미터 남짓 되어요. 그런데 닭장이라고 불리는 이곳에는 닭이 한 마리도 살지 않아요. 아무런 냄새도 나지 않고, 심지어 식사를 할 수 있을 만큼 깨끗하지요. 그런데 이 닭장에는 허가를 받은 사람들만 들어갈 수 있어요. 결정적인 힌트 하나! 아빠의 일터가 바로 여기예요.

알 것 같다고? 그래, 바로 조종실이야. 오늘 비행을 하려고 조종실에 들어서는 순간, ‘구리는 부모님 일터 체험을 하기가 힘들겠구나!’ 하는 생

각이 머리를 스치고 지나갔어. 왜냐하면 조종실은 아무나 들어올 수 없는 공간이기 때문이지. 그래서 너에게 아빠의 사무실이자 일터인 조종실에 대해 이야기로나마 들려주려고 해.

그런데 아빠가 왜 조종실을 '닭장'이라 불렀을까? 혹시 조종실을 영어로 뭐라고 하는지 아니? 응? 또 시험 얘기냐고? 아냐, 아냐. 진정해, 구리야. 영어 시험 얘기가 아니니까.

조종실은 영어로 '콕핏(Cockpit)'이라고 불러. 콕핏은 닭을 뜻하는 단어 'Cock'과 구덩이, 또는 투계장(닭 싸움장)이라는 뜻을 가진 단어 'Pit'이 합쳐져서 만들어진 합성어야. 그러니까 콕핏의 원래 의미는 닭장, 또는 투계장이란 뜻이었던 거지. 언제부터 이 단어가 비행기의 조종실을 상징하게 되었는지는 정확히 알 수 없지만, 믿을 만한 유래가 몇 가지 있어.

군함 구석에 해먹이 있는 조그마한 침대방을 콕핏이라고 부르기 시작했다는 설과, 비좁은 전투기 조종실에 탑승한 파일럿이 자신의 모습을 마치 소쿠리에 갇혀 싸움을 준비하는 닭 같다고 비유한 데서 나왔다는 설이야. 두 가지 모두 호랑이 담배 피우던 시절부터 전해 오는 이야기여서 어느 것이 맞는지는 정확히 알 수 없어. 하지만 확실한 건 이 비좁은 공간이 바로 최첨단 비행기의 중앙 통제 본부라는 사실이지.

최첨단 기술이 집결된 비행기 조종실의 이름이 머리 나쁜 동물의 대표로 취급되는 '닭'에서 유래되었다니, 재미있지 않니?

조종실은 비행기의 용도나 필요에 따라 생김새가 달라져. 빠른 기동을 필요로 하는 전투기를 떠올려 봐. 대부분 이쑤시개같이 날렵해 보이지? 전투기는 파일럿이 앞뒤로 앉을 수 있도록 조종실을 설계하기 때문이야. 대신에 화물이나 인원 수송을 목적으로 하는 수송기나 여객기같이 덩치 큰 비행기는 안정감 있게 파일럿이 좌우로 앉을 수 있도록 조종실을 설계하지.

조종실의 겉모습은 비행기가 개발된 후로 크게 변하지 않았어. 삼십 년 전이나 지금이나 크게 달라 보이지 않거든. 하지만 속을 들여다보면 세월에 따라 크게 변화했다는 사실을 알 수 있어. 사실 아빠가 비행을 시작하던 삼십 년 전만 해도, 조종실에는 아날로그 계기가 빽빽하게 들어차 있었거든. 하지만 지금은 그 자리가 디지털 계기 몇 개로 대체되었지.

구리야, 혹시 '콩코드(CONCORD)'라는 비행기를 들어 본 적 있니? 콩코드는 영국과 프랑스가 함께 개발한 세계 최초의 초음속 여객기야. 1970년대에 개발된 이후 경제적인 이유로 노선이 폐지된 2003년까지, 이십칠 년 동안이나 운행한 기념비적인 비행기지. 당연한 이야기겠지만, 초음속으로 운항하는 콩코드 여객기의 조종실은 당시의 모든 과학 기술이 집결된 곳이었어.

멋있겠다고? 아니, SF 영화에 나오는 최첨단 우주선만 떠올리지 말고 조종실이 수백 개의 낯선 아날로그 계기들로 가득 차 있는 광경을 떠올려 봐! 계기들이 얼마나 많던지, 심지어는 정비사가 함께 탑승해 비행하는

콩코드 비행기의 조종실. 엄청나게 많은 계기들로 가득 차 있다.

최신형 비행기인 에어버스 A380의 조종실. 디지털화되면서 상당히 깔끔해졌다.

도중에 끊임없이 계기를 점검해야 할 정도였어. 두 명의 파일럿으로는 수많은 계기들을 일일이 확인하면서 비행할 수 없었기 때문이지.

응? 그럼 과학이 더 발달한 지금은 계기가 더 늘어났을 테니 파일럿 세 명에 정비사 두 명은 타야 하지 않겠냐고?

자랑처럼 들릴 수도 있겠지만, 지금 아빠가 조종하는 최신형 A380 여객기의 조종실은 LCD 모니터 10개에 데이터를 입력하는 자판과 마우스만으로 구성되어 있어. 최첨단 기술이 도입되면서 수백 개의 아날로그 계기가 하던 일을 몇 개의 모니터가 대신하는 거지. 비행, 항법, 엔진과 시스템 점검 등 대부분의 일을 거뜬히 처리할 수 있게 되었거든. 그래서 두 명의 파일럿만으로 비행이 가능한 거야.

최근 조종실에는 '종이 없는 조종실(Paperless Cockpit)'이라는 개념이 도입되어서 점차 확대되고 있어. 비행 매뉴얼이나 비행 절차, 정보 등을 종이로 만든 책 대신 조종실 모니터나 태블릿 컴퓨터를 통해 제공한다는 뜻이야. 비행기 시스템을 첨단 기술이 접목된 컴퓨터가 모니터하고, 비행기 상태 변화에 따른 올바른 정보나 해결 방법을 파일럿에게 제공해서 사람이 일으킬 수 있는 실수를 예방하는 거지.

이런 변화 과정이 컴퓨터에 익숙한 너희 세대에게는 편리할 수 있겠지만, 아직까지 모니터보다 종이에 익숙한 아빠 세대에게는 불편한 점이 많기도 해. 하지만 어쩌겠니? 공부하고 노력해서 발달하는 과학 기술에 뒤처지지 않게 적응해야지.

"늙는다는 것은 정신력의 문제다. 나이를 신경 쓰지 않는다면 문제 될

비행기를 움직이는 날개 삼 형제

A380의 꼬리 날개에 붙어 있는 수평 꼬리 날개와 수직 꼬리 날개.

큰 비행기에는 날개가 더 많을까? 아니, 그렇지 않다. 비행기가 크든 작든, 꼭 있어야 되는 날개는 정해져 있다. 비행기가 날 때 필요한 날개는 세 개다. 바로 '주 날개', '수평 꼬리 날개', '수직 꼬리 날개'. 각각의 날개에는 파일럿이 조종할 수 있는 조종면이 장착되어 있어 비행기 조종이 가능하도록 만들어 준다.

가장 큰 주 날개와 연결된 조종면을 '보조 날개(Aileron)'라고 부르는데, 비행기를 좌우로 움직이는 역할을 한다. 즉 조종간을 왼쪽으로 돌리면 보조 날개가 움직여서 비행기를 왼쪽으로 선회할 수 있게 만들어 주는 것이다.

수평 꼬리 날개에 장착된 조종면은 '승강키(Elevator)'라고 하는데 비행기의 상승과 강하를 담당한다. 파일럿이 조종간을 당기면 승강키가 움직여 비행기의 고도가 상승하고, 조종간을 밀면 하강하게 되는 것이다.

수직 꼬리 날개에 부착된 조종면은 '방향키(Rudder)'라고 하는데, 비행기의 기수가 좌우로 흔들리는 것을 막고 똑바로 비행하도록 도와준다. 방향키는 발로 작동을 시키는데, 지상에서는 브레이크 역할을 하지만, 공중에서는 주 날개에 달린 보조 날개의 움직임을 보조하는 역할을 한다.

이렇게 세 가지 종류의 날개가 원활하게 작동이 되어야만 올바른 비행이 가능해지는 것이다.

보잉747의 주 날개에 장착되어 있는 보조 날개. 위아래로 움직인다.

게 없다.”

이렇게 외친 마크 트웨인을 믿어 보는 수밖에.

앞으로 계속해서 비행기 조종 시스템이 발전하다 보면, 언젠가는 음성 인식으로 비행하는 날이 올지도 몰라. “엔진 계기 점검!”이라고 외치면 모니터에 엔진 상태가 바로 떠오르고, “엔진 시동!”이라고 하면 ‘붕~’ 하고 시동이 걸리게 되지 않을까? 물론 이렇게 바뀌더라도 구리, 너에게 보여 줄 수 없어서 아쉽긴 해. 아무리 멋진 조종실이라고 하더라도, 일반 승객들은 구경할 수 없는 접근 금지 구역이니까.

사실 조종실이 접근 금지 구역이어서 때로는 외롭기도 하고 답답하기도 해. 하지만 많은 승객들의 생명을 지키는 심장부와 같은 곳이니까 접근 금지 구역이 되는 게 당연한 일이기도 하고, 또 그것을 기꺼이 감수할 수 있는 사람이 바로 좋은 파일럿이겠지.

그런 의미에서 아빠는 외롭거나 답답할 때마다 너에게 편지를 쓸게. 가끔씩 네가 답장을 해 준다면, 이 비좁은 조종실 안에서도 아빠는 기운이 펑펑 솟을 것 같아!

오토 파일럿은 헛똑똑이야!

날씨 : 맑음
비행 일정 : 미국 뉴욕 ⋯→ 인천

뉴욕을 출발해서 5시간 30분이 지난 지금, 아빠가 조종하는 비행기는 캐나다 땅을 남에서 북으로 통과하며 북극으로 향하고 있어. 지도를 펼쳐 보면 우리나라는 뉴욕의 서쪽에 있는데, 비행기는 왜 북쪽으로 가는 것일까? 조금만 머리를 굴려 보면 알 수 있어. 미국에서 우리나라로 오는 최단 항로가 바로 북극 항로이기 때문이야.

북극 항로는 인천에서 뉴욕으로 갈 때 이용하는 태평양 항로에 비해 비행 거리가 짧고 맞바람도 없기 때문에 자주 이용하는 편이야. 하지만 태양의 흑점이 활발하게 활동하는 날에는 방사능에 노출될 위험이 있어. 이럴 경우에는 우회 항로를 이용하는데, 북극 항로에 비해 비행 시간이 한 시간이나 더 길어지게 되지.

그런데 오늘 뉴욕 공항을 떠나기 직전, 조종실에서 '띵~' 하는 소리가 나지 뭐야. 비행기에 이상이 있을 때 울리는 경고음이야. 그래서 어디에 이상이 생겼는지 서둘러 찾아보니, '자동 항법 장치(Auto Pilot)'를 구성하는 장비 하나가 고장이 난 게 아니겠니? 그것도 하필이면 자동 항법 장치에 비행기의 속도와 고도 정보를 제공하는 중요한 장비였어.

자동 항법 장치가 정상적으로 작동하려면 같은 장비 두 개가 동시에 필요한데, 혹시라도 고장이 날 때를 대비해서 비행기에 여분으로 한 개가 더 장착되어 있어. 그 정도로 중요한 장비야. (그러니까 한 비행기에 총 세 개의 동일한 장비가 장착되어 있는 셈이지.)

그런데 오늘 세 개 중 하나가 고장이 난 거야. 여분 하나가 더 있으니 당장 오늘 비행에는 영향이 없겠지만, 한 개가 더 고장나는 날에는 출발을 중단해야 하는 상황이 생길 수도 있어. 만일 비행 중에 고장이 난다면 즉시 수동으로 조종해서 가장 가까운 공항에 착륙해야 해. 그러니 신경을 안 쓰려야 안 쓸 수가 없지.

최첨단 비행기라 할지라도 기계인지라 언제든 고장이 날 수 있기 때문에 아무 이상이 없을 거라는 확신이 생기기 전까지는 마음을 놓을 수 없는 거야.

다행히 별일 없이 몇 시간이 지나고 휴식 시간이 되었어. 만일 상황이 악화되어서 가까운 공항으로 회항이라도 했다면, 너에게 들려줄 무용담은 훨씬 더 화려해질지 모르지만, 아빠는 순식간에 십 년 정도 더 늙어 버렸을지도 몰라. 그만큼 복잡하고 신경 쓰이는 상황인 것이지.

400여 명의 승객이 탑승한 600톤이나 되는 비행기를 가장 가까운 공항까지 수동으로 조종해야 한다는 사실도 스트레스이지만, 착륙 후에 400명이나 되는 승객들을 관리해야 하고, 동시에 비행기 정비도 해야 하는 등 이만저만 복잡한 일이 아니니까.

비행기가 발명되고 나서 지난 백여 년 동안, 비행기뿐 아니라 비행 장비도 급속도로 발전했어. 자동 항법 장치도 그중 하나야. 자동 항법 장치는 우리나라에서 뉴욕으로 가는 국제선처럼 장시간 비행하는 경우에 파일럿이 계속 조종간을 잡고 있을 수 없기 때문에 개발된 장치야.

자동 항법 장치가 개발된 초기에는 간단한 선회나 수평 비행 정도만 조절하는 수준이었는데, 그 뒤로 끊임없이 진화해서 이제는 이륙과 지상 활주를 제외한 나머지 모든 단계의 비행을 자동으로 통제할 수 있어. 다시 말하면 비행기가 이륙한 직후부터 자동 항법 장치를 사용해서 선회, 상승, 강하는 물론, 착륙을 한 뒤 브레이크를 밟아 비행기를 활주로에 정지시킬 정도까지 발전했다는 의미야.

응? 완전 자동이니까 아빠 같은 파일럿은 할 일이 없겠다고? 단순하게 계산하면 그런 생각이 들 수도 있을 거야. 하지만 장비가 아무리 뛰어나더라도 그것을 다룰 수 있는 파일럿이 없다면 무용지물이 아니겠니? 자동 항법 장치가 제아무리 대단한 첨단 장비라고 해도 스스로는 아무것도 하지 못하는 기계일 뿐이니까.

파일럿이 미리 설정해 놓은 데이터 내에서만 똑똑하게 작동하는 데다가, 장비가 능력을 최대한 발휘하게 하기 위해서도 파일럿이 꼭 필요하지. 파일럿이 없으면 아무리 첨단 장비라고 해도 쇳덩어리 이상의 의미는 없으니까.

최신형 태블릿 컴퓨터가 집에 있어도, 사용할 줄 아는 사람이 없으면 뜨거운 냄비를 올려놓는 받침대로 쓰고 마는 거나 마찬가지인 셈이야. 파일럿이 이렇게 중요한 사람이라고, 에헴!

얼마 전에 네가 영화 한 편을 관람하고 나서, 승무원 누나가 자동 항법 장치를 이용해서 비상 착륙하는 장면을 보았다면서 누구나 쉽게 다룰 수 있는 게 아니냐고 물어보았지? 그런 장면은 영화의 극적 효과를 높이기 위한 설정일 뿐이야. 파일럿을 두 번 죽이는 장면 중의 하나라고 생각하면 돼. 왜냐고? 앞서 얘기했지만, 자동 항법 장치에 대한 전문 지식이 없으면 사용할 수 없기 때문이지.

언젠가 아빠가 스마트폰을 새로 샀을 때 한참 동안 전원을 켜지 못하다가 설명서를 읽고 나서야 가까스로 작동시켰던 일 생각나니? 자그마한 스마트폰도 그러한데 하물며 비행 장비는 어떻겠니?

그렇다고 아빠가 파일럿의 자존심을 세우기 위해 굳이 이런 말을 하는 건 아니니까, 제발 오해는 하지 말아 주렴!

이왕 말이 나온 김에, 비행기 조종 이야기를 더 해 볼까? 인천에서 러시아의 상트페테르부르크로 갈 때면 노보쿠츠네스크 관제소와 교신을 하게 되어 있어. 노보쿠츠네스크는 러시아의 대표적 철광 도시로 서울과 상트페테르부르크의 중간 정도에 있는데, 유럽으로 가기 위해 러시아 항로를 이용할 때면 항상 지나가는 곳이야. (여기에서도 다섯 시간 정도를 더 가야 상트페테르부르크에 도착하니까, 러시아는 대체 얼마나 큰 나라인 거냐!)

이곳 관제소와 교신을 할 때면 어김없이 열다섯 살짜리 러시아 소년이 떠오르곤 해. 그 소년은 모스크바 출신으로, 아버지가 러시아 항공사의 기장이었어. 러시아에서 홍콩으로 향하던 아버지의 비행기에 탑승해서 여행을 하던 중에 안타깝게도 추락 사고가 나는 바람에 세상을 떠나고 말았지.

그때 비행기 추락 사고를 조사하다가 엄청난 사실이 드러났어. 사고 직전 조종실의 기장석에 기장의 아들인 그 열다섯 살짜리 소년이 앉아 있었다는 거야. 심지어 그 소년이 비행기를 조종까지 하고 있었다지 뭐야. 어떻게 이런 일이 생기게 된 걸까?

지금은 가족이라고 할지라도 조종실에 절대로 들어갈 수가 없어. 하지만 그 사고가 발생한 1994년 무렵에는 기장의 허락이 있으면 누구나 조종실에 들어갈 수가 있었지. 아마도 그 기장은 자동 항법 장치로 비행 중이니까 안전하다고 생각했을 거야. 그러니 아들을 기장석에 앉히기까지 했겠지. 기장석에 앉아 신이 난 소년은 이것저것 아무거나 만지기 시작했고, 자기도 모르는 새에 자동 항법 장치를 풀어 버린 거야.

결국 아무것도 모르는 소년이 비행기를 조종하고 있었던 셈인데, 소년의 아버지를 포함한 다른 사람들은 자동 항법 장치가 비행기를 조종한다고 생각한 채 아무런 신경도 쓰지 않았지. 그래서 그렇게 비극적인 사건으로 이어진 거야.

그 사건이 일어난 후로 자동 항법 장치가 해제되었을 때는 경보음이 울리도록 설계되고 있어. 하지만 1994년에는 가장 최신형 비행기에도 경보 장치가 따로 달려 있지 않았어. 전혀 예상하지 못했던 소년의 우발적인 행동으로 추락 사고가 발생해 수많은 사람들이 희생되자, 보호 장치를 강화해 더 안전하게 비행기를 이용할 수 있도록 시스템을 보완한 셈이야.

그래서 아빠는 이 지역을 지날 때마다 추락한 러시아 비행기에 탑승했던 사람들에게 감사의 마음을 전한단다. 그들의 희생으로 인해 아빠와 같은 파일럿들이 보다 안전하게 비행을 할 수 있게 되었으니까.

소년의 이야기는 여기서 끝내고, 이제 내 기억 속에 남아 있는 한 어린 아이 이야기를 해 볼까? 무슨 얘기인지 겁난다고? 누가 아빠 아들 아니

여기서 잠깐!

600톤짜리 비행기를 조종하는 비결

3제곱미터 남짓한 공간인 조종실에서 600톤 가까이 나가는 거대한 비행기를 어떻게 조종하는 걸까? 이렇게 무거운 쇳덩어리가 하늘에 뜬다는 사실도 신기한데, 파일럿이 원하는 방향으로 조종까지 할 수 있다니 얼마나 신기한 노릇인지……. 뭔가 특별한 비밀이 숨어 있는 걸까?

비행기 조종간도 자동차 핸들과 비슷하다고 생각하면 편하다. 다만 자동차 핸들은 좌우로만 움직이지만, 조종간은 앞뒤로도 움직인다는 사실이 다르다. 다시 말하면 파일럿은 조종간을 자신의 방향으로 당겨서 비행기의 고도를 상승하게 만들 수 있고, 반대로 자신의 먼 쪽으로 밀어 지상을 향해 내려가게 만들 수도 있다.

파일럿이 사용하는 비행기의 조종간은 요크(Yoke)형과 스틱(Stick)형 두 가지 종류가 있는데, 요크형 조종간은 자동자 핸들과 비슷하게 생겼고, 스틱형 조종간은 게임기에 딸린 조이스틱과 흡사하게 생겼다. 생김새는 다르지만 조종하는 방법은 거의 같다.

파일럿이 발로 하는 일은 없을까? 파일럿은 발도 쉴 틈이 없다. 발로 수직 꼬리 날개의 방향키를 조절하거나 비행기 브레이크를 작동하기 때문이다.

요크형 조종간

스틱형 조종간

랄까 봐 눈치 하나는 정말 빠르단 말이지. 그래, 네 얘기야.

구리, 네가 여섯 살 정도 되었을 때, 어린이날 선물로 자동차 핸들을 받은 거 기억나니? 창문이나 유리에 붙여서 사용하게 되어 있는데, 진짜 핸들처럼 좌우로 돌아가면서 버튼을 누르면 여러 종류의 벨 소리까지 나는 장남감이었어.

너는 그 장난감 핸들을 베란다 창문에 붙여 놓고 욕실용 플라스틱 의자에 앉아 운전하는 흉내를 내곤 했지. 게다가 동생까지 옆자리에 태우고서 말이야. 얼마나 재미있게 놀던지, 그때 모습을 생각하면 지금도 절로 웃음이 터진단다.

그러던 어느 날 “아빠, 비행기는 어떻게 조종하는 거야?” 하고 내게 물어보았지. 그래서 핸들을 왼쪽으로 돌리면 비행기가 왼편으로 가고, 오른쪽으로 돌리면 오른편으로 가고, 조종간을 앞으로 밀면 비행기가 내려가고, 몸 쪽으로 당기면 올라가는 거라고 알려 주었잖니? 그 뒤로 파일럿이 된 듯 동생을 태우고 신나게 온갖 곳을 다 돌아다니더구나.

한번은 욕실 의자 두 개를 붙여 놓고 “아빠 안 타?”라고 하더니, 이륙한다며 핸들을 당기다가 그만 장난감이 창문에서 떨어지고 말았지. 그러자 “비행기가 추락했다!”며 무척이나 안타까워했어.

그때만 해도 네 꿈이 아빠와 같은 파일럿이었기에, 후배 파일럿들에게 조언하듯 사뭇 진지한 충고도 해 주었는데…….

피곤하니까 별생각이 다 드는 모양이다. 이제 조금 쉬어야겠어. 집에서 보자!

고래가 너무 부러워

날씨 : 구름 조금
비행 일정 : 인도네시아 발리 ···› 인천

발리를 출발한 지 세 시간이 지난 지금, 비행기는 필리핀 해(海)를 통과하는 중이야. 방금 막 새벽 5시를 지난 참인데……, 아직 파김치까지 되지는 않았지만 앞으로 세 시간 반이 더 지나 인천 공항에 착륙할 때쯤이면 숨 죽은(?) 파김치가 될지도 모르겠어.

구리야, 혹시 고래는 뇌가 두 개라는 사실을 알고 있니? 고래는 두 개의 뇌를 24시간 동안 번갈아 사용하기 때문에 잠을 자면서도 수면 위로 올라와서 숨을 쉬거나 먹이를 먹을 수 있고, 적으로부터 자기 몸을 보호할 수 있다고 하더구나.

아빠는 그 얘기를 듣고 나서 수시로 밤을 지새우며 비행하는 파일럿이야말로 뇌가 두 개였으면 좋겠다는, 조금은 철없는 상상을 종종 해. 사람의 몸은 오랜 세월을 거치면서 낮에는 일하고 밤에는 잠을 자는 데 적합하도록 적응해 왔어. 그렇기 때문에 사람이 밤에 잠을 자지 않고 일을 하면 종종 실수를 하게 되지. 만약 몸까지 피곤한 상태에 잠을 자지 못한다면 실수가 발생할 확률이 엄청나게 늘어날 거야.

응? 그럼 아빠도 낮에 비행하면 되지 않냐고? 물론 낮에 비행할 수만 있다면야 훨씬 안전할 거야. 하지만 그건 일본이나 중국같이 가까운 곳으로 비행할 때만 가능한 일이야. 미국이나 유럽으로 향하는 장거리 비행을 할 때면 비행 시간이 열 시간을 훌쩍 넘게 되니까 야간 비행이 싫어도 하지 않을 수가 없어.

그렇기 때문에 비행 전에 충분한 휴식을 취하는 게 파일럿의 기본 자세라고 할 수 있어. 물론 평소에 피로가 쌓이지 않도록 체력을 관리하는 게 가장 중요하지. 삼십 년이 넘는 비행 경험을 통해 아빠가 내린 결론이기도 해.

피로를 쌓이지 않게 하는 아빠만의 비법이 있냐고? 구리, 너도 학교에서 졸리면 책상에 엎드려 자곤 하지? 아빠도 마찬가지로 졸릴 때면 잠깐씩 쪽잠을 자곤 하는데, 의외로 이 방법이 피로 회복에 큰 도움이 되더구나. 과학적인 근거가 있는지는 모르겠지만 위인전에 등장하는 인물들은 하나같이 쪽잠을 즐겼다고 하던데……, 그렇담 아빠도 위인이 될 요소 중 하나를 이미 갖춘 셈인가?

하지만 아무리 피로를 잘 풀었다고 하더라도 정작 밤이 되어서 자야 할 시각이 돌아오면 졸리기 마련이야. 그러니 새벽녘에 공항에 도착하는

비행 편에서는 파일럿들이 하나같이 잠과 싸움을 벌이곤 해. 눈꺼풀이 세상에서 가장 무겁다는 말이 실감나는 순간이라고나 할까?

이렇게 매번 잠과의 싸움을 치러야 하는 비행은 주로 동남아시아에서 인천으로 귀국하는 비행 편에 많아. 인천~동남아시아 구간의 비행시간은 대략 세 시간 반에서 일곱 시간 정도가 걸려. 아침에 출발해서 저녁에 도착하는 낮 시간 비행이 충분히 가능한 노선이지만, 승객들이 비행기에서 자고 아침에 공항에 도착해서 일을 볼 수 있도록 비행 스케줄을 짜 놓았기 때문에 야간 비행이 상당히 많은 편이야. 아침에 인천 공항에 도착하려면 출발지에서는 자정 전후에 출발해야 하니까, 파일럿들은 거의 밤을 꼬박 새면서 근무를 하는 셈이지.

오늘 아빠가 출발한 인도네시아 발리는 동남아 구간 중에서도 가장 먼 노선으로 꼽히는 곳이야. 비행시간이 약 일곱 시간 정도? 그러니 밤새워 비행을 한 뒤, 아침에 인천 공항에 도착하게 되는 거야. 아빠가 왜 숨 죽은 파김치가 된다고 이야기했는지 이젠 알겠지?

서서히 밀려오는 졸음과 피로감을 쫓으려다 보니 '고래같이 뇌가 두 개였으면!'이라는 생각이 들었던 모양이야. 이런 생각을 하면서 힐끗 옆을 바라보니, 푸하하하~! 이 와중에 부기장 아저씨는 벌써 파김치가 되어 있더구나.

지금 아빠가 타고 있는 비행기를 한 마리의 거대한 고래라고 생각하면, 조종실은 고래의 머리에 해당할 거야. 그리고 두 명의 파일럿이 있으니까 뇌가 두 개인 셈이겠지? 그렇다면 지금 고래의 우뇌인 부기장이 휴식 명령을 받아 에너지를 충전하는 중이고, 좌뇌인 내가 헤엄을 치고 있는 건가 보다. 재미없으니 그만하라고? 피곤하다 보니 아빠의 유머 감각이 조금 떨어지는걸. ㅠㅠ

사실 조종실에서 번갈아 쉬는 게 정상적인 방법은 아니지만, 졸릴 때 잠시 쉬는 건 안전한 비행을 하는 데 큰 도움이 돼. 그러니 경우에 따라 융통성을 조금 발휘할 필요가 있어.

만약 비행기에 추가 승무원이 있다면 교대로 쉬어 가며 조종을 할 수 있으니까 잠과 싸울 일이 없겠지만, 여덟 시간이 넘지 않는 비행 노선에서는 두 명의 파일럿만으로 비행해야 하거든. 그러니 파일럿들은 오늘같

비행기에 숨어 있는 파일럿

대부분의 사람들은 비행기 한 대에 기장 한 명, 부기장 한 명, 총 두 명이 탑승하는 것으로 알고 있다. 영화에서도 장거리 운항을 하던 중, 기장이나 부기장에게 사고가 생기면 잘생긴 주인공이 짜잔 하고 나타나 대신 조종하지 않던가? 하지만 이건 오해! 비행하는 시간에 따라 비행기에 탑승하는 파일럿의 수도 달라진다.

비행이 여덟 시간을 넘지 않을 때는 두 명, 여덟 시간을 넘어가면 네 시간당 한 명의 파일럿이 추가로 탑승한다. 따라서 열두 시간까지는 세 명, 열두 시간 이상 비행을 할 때면 네 명의 파일럿이 비행기에 탑승하는 것. 예를 들어 인천에서 뉴욕으로 가는 비행에는 열네 시간이 걸리므로, 네 명의 파일럿이 탑승해서 교대로 근무를 하게 된다.

좌석에 앉아서 '이렇게 긴 시간 조종을 하면 피곤해진 파일럿이 실수하지 않을까?' 하는 걱정으로 불안에 떨지 않아도 되는 것이다.

이 비행 시간이 여덟 시간 정도 걸리면서 밤에 비행해야 하는 노선을 가장 힘들어 하는 거야.

다 큰 어른이, 게다가 항상 안전에 신경 쓰고 체력 관리를 하는 파일럿이 잠과 싸운다니 우스운 이야기 같지만, 파일럿도 사람이다 보니 생리 현상을 어찌할 수 없다는 걸 너그러운 마음으로 이해해 주렴!

여러모로 사람의 뇌도 고래처럼 두 개라면 좋을 텐데, 라는 생각을 하다 보니 어느덧 우리나라에 거의 다 온 듯해. 반갑게 아빠를 맞이할 너희 오누이를 생각하니 갑자기 잠이 확 달아나는 것 같네.

수업 시간만 되면 졸음이 쏟아지다가도, 쉬는 시간이 되면 쌩쌩해지는 너희와 똑같지?

배에서 유래된 A380 이야기

날씨 : 맑음
비행 일정 : 인천 ⋯→ 독일 프랑크푸르트

구리야! 혹시 아빠가 조종하는 A380 비행기에 출입문이 몇 개나 되는지 아니? 안 타 봐서 모르겠다고? 아하하, 그렇겠구나. 아직 타 볼 기회가 없었다는 걸 깜빡했네.

A380 비행기에는 승객이 출입할 수 있는 문이 무려 16개나 있어. 좌우 대칭으로 1층에 10개, 2층에 6개가 있지. 이렇게 출입문이 많으니 탑승이 금방 끝나겠다고? 사실 비행기에 출입문이 많은 이유는 탑승을 빨리 하려는 것보다는 비상 탈출을 빨리 하기 위해서야. 그럼 실제로 얼마나 빨리 탈출할 수 있는지 알아볼까?

비행기는 비상 탈출이 필요한 경우에 승객 전체가 90초 이내에 탈출할 수 있어야만 여객기로 인정받아서 실제 운항이 가능해. 지금 아빠가 조종하는 A380에는 최대 873명의 승객이 탑승할 수 있어. 그래서 실제로 평가관이 지켜보는 가운데 승객 873명을 탑승시키고 비상 탈출을 시도한 적이 있는데, 이때 78초 만에 모든 승객이 탈출에 성공했다고 해. 16개나 되는 문의 위력이 대단하지 않니?

비행기가 여객기로 인정받기 위해서는 90분 이내에 모든 승객이 내리고 그만큼 다른 승객을 탑승시킨 후, 완벽하게 출발 준비를 마쳐야 한다는 조건도 있어. 이게 무슨 말이냐고?

A380에는 최대 873명이 탑승할 수 있다고 했지? 그럼 873명의 승객이 도착한 공항에 모두 다 내린 뒤, 다시 873명의 새로운 승객이 탑승을 하는 상황인 거야. 그럼 어떻게 해야 할까? 90분 안에 모든 승객이 내리고, 동시에 타고 온 승객들이 사용한 쓰레기와 음식물을 모두 처리한 뒤 청

A380이 비행하는 모습. 한쪽 면의 출입문 개수를 직접 세어 보시라. 1층에 5개, 2층에 3개, 다 찾은 사람 손!

인천 공항에서 출발을 준비하는 A380. 비행기의 오른쪽 문으로 필요한 화물을 싣는 동시에, 왼쪽 문으로는 브리지를 설치해 승객들을 태운다.

소까지 마쳐야 한다는 얘기야. 뿐만 아니라 새롭게 탑승한 승객들이 사용할 비품이나 기내식 등도 다시 실어야만 하지.

이 모든 작업을 90분 안에 마치려면 다양한 작업들이 동시에 이루어져야 해. 승객들이 비행기 왼편에 있는 2~3개의 문을 이용하여 내리고 타는 동안, 동시에 오른쪽에 있는 문을 열어서 기내에서 사용할 비품이나 기내식 등을 실어야 하는 거야. 비상시에만 사용할 것처럼 보이는 오른쪽 문의 역할도 의외로 대단하지?

지금까지 A380 비행기의 출입문에 대해 이야기했는데, 그 외에 다른 것도 몇 가지 알려 줄까? A380은 민간 항공기 중에서 가장 큰 비행기야. 좌우 날개 폭이 80m로 농구 코트 면적의 두 배나 되는 크기지. 또 최대

560톤이나 나가는 비행기의 무게를 지탱하기 위해서 무려 22개의 바퀴가 장착되어 있어. 그리고 한번에 323,000여 리터의 연료를 넣을 수 있는데……, 이해하기 쉽게 환산하면 가로 32미터, 세로 10미터, 높이 1미터 크기의 수영장을 가득 채울 수 있는 양이야. 규모가 엄청나지?

얼마 전에 우리 가족이 모두 모여 텔레비전 뉴스를 볼 때, 비행기 운항 중에 출입문을 열려고 했던 사람 이야기가 나오자 슬그머니 자리를 뜨던 너의 뒷모습을 보며 네 엄마와 함께 웃음을 터뜨리고 말았어.

예전에 호주의 시드니로 가던 중, 호기심에 비행기 문을 만지다 승무원 누나한테 혼났던 거 기억나니? 게다가 제일 먼저 내리겠다고 오른쪽 문 앞에 서 있다가 모두들 왼쪽 문으로 내리는 바람에 머리를 긁적이며 계면쩍어하던 모습까지 말이야.

그런데 비행기에 탑승한 승객들은 왜 왼쪽 문으로 타고 내리는지 생각해 본 적 있니? (여기서 왼쪽이라고 하면, 진행 방향을 바라보는 상태에서 왼쪽이라는 걸 명심할 것!) 오른쪽에도 문이 있는데 왜 굳이 왼쪽 문만 이용하는 걸까?

그 까닭은 옛날 바이킹이 살던 시대에서 찾을 수 있어. 바이킹이 몰던 배는 방향을 조정하는 키가 배의 오른쪽에 있었대. 그래서 배를 부두에 정박할 때, 오른쪽 면이 닿도록 들어오면 정확히 배를 세우기가 어려웠던 반면, 배의 왼쪽 면이 부두에 닿도록 들어오면 부두에 가장 가까운 곳에 정확하게 정박할 수 있었다나.

그래서 배의 왼쪽을 선착장에 대기 시작한 이후로, 모든 배는 왼쪽 면을 부두에 대고 승객이나 짐을 싣고 내리게 되었다고 해. 배보다 한참 늦게 개발된 비행기가 이런 관습을 그대로 따라 한 거지.

에그그, 이게 다냐고? 뭔가 더 거창한 이유를 예상했다고? 물론 이런 관습 말고 현대적인 이유도 있어. 비행기 조종실에서 기장 좌석이 왼쪽에 있기 때문이야.

자가용 비행기나 경비행기 같은 조그만 비행기의 경우 조종실에서 밖을 바라볼 때, 기장 자리에서 보나 부기장 자리에서 보나 별반 차이가 없어. 하지만 아빠가 조종하는 A380처럼 엄청난 몸집을 자랑하는 초대형 비행기의 경우는 기장 자리에 앉아서 밖을 보면, 아빠가 앉은 왼쪽은 잘 보여도 오른쪽은 잘 보이지 않아. 그래서 지상에 장애물이 있는지 없는지 육안으로 확인이 가능한 왼쪽에 맞춰서 비행기를 세우는 것이지.

배보다 비행기가 늦게 만들어지다 보니, 비행기 용어 중에 배에서 유래된 단어가 상당히 많아. 배의 선장을 뜻하는 캡틴(Captain)은 비행기의 기장을 뜻하는 말이 되었고, 조종사를 뜻하는 파일럿(Pilot)은 원래 도선사(배의 길을 안내하는 사람)를 일컫는 말이었다고 해. 부두를 나타내는 공항(Air+Port)도 항구(Port)에서 생겨난 단어야.

기원전 5,000년부터 이어 온 배의 역사에 비하면 비행기의 역사는 100년 남짓으로 엄청나게 짧은 편이지만, 항공 산업은 어떤 산업과도 비교할 수 없을 만큼 빠르게 발전해 왔어. 얼마 전만 해도 조그만 경비행기가 날아다녔는데, 이제는 축구장만 한 제트 비행기가 날아다니고 있으니 정말로 놀라운 일이지.

아빠가 조종하는 비행기 자랑을 하나만 더 할까? A380은 공중에서 다른 비행기와 충돌할 위험이 있으면 알아서 피할 수 있어. 스스로 판단해서 미리 위험을 회피하는 능력까지 갖추고 있는 것이지.

앞으로도 비행기는 기술적인 면에서 더 빨리, 더 획기적으로 발전하게 될 거야. 아마 파일럿이 없는 비행기가 날아다니는 날이 예상보다 빨리 올지도 몰라. 아, 그런 날이 오면 아빠도 더 이상 비행기를 조종하지 못하겠구나. 그래도 당장 내년에 그런 일이 일어나지는 않겠지? 어쨌든 아빠는 앞으로 또 어떤 장비가 개발되어서 항공 안전에 도움이 될지 항상 기대한단다.

구리야! 아빠는 주변 사람들에게 가끔 비행기와 소통을 한다고 이야기하곤 해. 어떻게 말 못 하는 비행기와 소통을 하냐고? 주변 사람들도 다 그렇게 묻더구나. 어떻게 소통하는지 너도 궁금하지?

아빠는 비행을 나가기 전이면 비행기 외부에 잘못된 점은 없는지, 비

여기서 잠깐!

무엇보다 소중한 '90초'

항공기에 사고가 발생하면 90초 이내에 승객들을 기내에서 모두 탈출시켜야 한다는 안전 규칙을 '90초 규칙'이라고 부른다. 혹시라도 비상 착륙을 한 항공기가 2차 폭발을 일으키거나, 화재가 발생하여 유독 가스가 배출되는 상황에 대비하기 위해서이다. 이는 지상이나 바다에서나 동일하게 적용되는 규칙이다. 모든 승객이 90초 이내에 빠져나갈 수 있다는 사실을 증명해야 비행기가 상용화될 수 있다는 규칙도 이와 같은 맥락에서 만들어졌다.

2013년 인천에서 출발한 아시아나 항공사 소속 항공기가 샌프란시스코 공항에 착륙하다가 활주로를 이탈한 사고에서도, 객실 승무원이 칭찬을 받은 이유는 '90초 규칙'을 엄격하게 실천했기 때문이다. 당시 승무원 12명 중 7명이 기절한 최악의 상황에서도 나머지 5명의 승무원이 힘을 합해 90초 내 모든 승객을 대피시키고 마지막에 탈출하면서, 더 큰 피해를 막을 수 있었다고 한다.

행기 주변에 문제 될 부분은 없는지 꼭 확인을 해. 주로 이때 비행기와 대화를 한단다. 보통 이런 식이야.

"형이 오늘 뉴욕에 가는데 아무 일 없이 잘해 보자. 잘할 수 있지?"

이렇게 말하면서 바퀴를 발로 한번 툭 차고 콧잔등도 한번 두들겨 주는 거지.

이외에도 몇 가지가 더 있어. 비행 중 밥때가 되어서 식사를 하려는데 난기류에 흔들리면 이렇게 이야기해.

"야, 형 밥 먹는데 흔들지 말고 얌전히 가자~."

그러면 이상하게도 흔들림이 멈추더라고. 비행기야 뭐, 항상 묵묵히 침묵을 지킬 뿐이지만, 아빠는 대답이 느껴지더라고. 파일럿에게는 비행기가 기계라기보다, 친구 혹은 인생의 동반자 같은 존재라서 그렇게 느끼는 것 같기도 해.

애정을 갖고 비행기와 소통을 하면, 비행기 역시 안전한 비행으로 파일럿에게 보답을 한다는 게 삼십 년 묵은 아빠의 신념이란다.

창문에 얽힌 중대한 비밀

날씨 : 맑음
비행 일정 : 이번엔 승객으로 탑승

"띵, 띵, 띵."

구리, 너와 네 동생 수리가 곤히 자고 있는 사이에 착륙 20분 전을 알리는 벨소리가 울렸어. 너희는 자느라 정신이 없었겠지만, 아빠는 오랜만의 여행이다 보니 편히 식사도 하고, 영화도 보고, 책도 읽고……. 무엇보다 여행의 즐거움 자체를 즐길 수 있어서 정말 좋더구나. 사실 아빠도 파일럿이 아닌 승객으로 비행기를 탈 때 무척 즐겁단다.

이제 곧 착륙 준비로 비행기 안이 분주해질 거라는 생각이 들자마자 승무원 누나가 자고 있는 너를 깨워 창문 가리개를 올려 달라고 부탁하네. 자다가 일어나 가리개를 올리려면 귀찮기도 하고, 또 올려놓으면 눈도 부신데…….

간혹 못 듣고 자는 척이라도 할라치면 승무원 누나가 직접 올려 주기까지 하지. 그런데 승무원 누나들은 왜 집요하게 자는 사람을 깨워가면서 창문 가리개를 올리려고 하는 걸까?

제주나 부산으로 가는 국내선 구간을 제외하고, 장거리를 운항하는 비행기는 대부분 창문을 가린 채로 비행을 해. 창밖에 어린이들이 보면 안 되는 19금 장면이라도 있냐고? 으이그, 녀석. 그런 게 아니라, 창을 통해 들어오는 강한 빛을 차단하고 시차에 빨리 적응하게 도와주려는 의도로 그렇게 하는 거야.

창문을 닫고 비행기 조명으로만 밤낮을 조절하면 우리 몸은 밤과 낮을 잘 구별할 수 없게 돼. 그래서 어두컴컴한 분위기에서 졸리면 자고, 식사 시간이 되면 밥을 먹으며, 자연스럽게 시차를 줄여 가는 거야.

그런데 밀폐된 공간에서 오래 지내다 보면 대부분 공간 지각 능력이 떨어지고 방향 감각도 둔해지게 돼. 사실 비행 중에야 비행기 안에 가만히 앉아 있기만 하면 되니까 별문제가 없지만, 이륙이나 착륙을 하는 도중에는 항상 사고에 대비해야 하기 때문에 승객들도 공간 지각 능력이나 방향 감각을 최상의 상태로 유지하는 것이 좋아.

그래서 이·착륙 때가 되면 창문 가리개를 열어 승객들이 비행기 밖을 눈으로 보면서 외부의 상황에 미리 적응할 수 있게 하는 거야. 바깥을 보게 되면 둔해져 있던 공간 지각 능력이 어느 정도 회복되거든. 그러면 설사 어떤 일이 발생하더라도 빠르게 대처할 수 있지. 만약 공간 지각 능력이나 방향 감각이 둔해진 상태에서 사고라도 난다면 다들 우왕좌왕하다가 더 큰 사고로 이어질 수도 있어.

자, 이제 착륙할 때 왜 번거롭게 잠을 깨워 가면서 창문 가리개를 열게 하는지 알겠지? 승무원 누나 말을 잘 들으면 자다가도 떡, 아니 안전함이 생기는 거야.

비행기 객실 창은 보통 세 겹으로 되어 있어. 중간과 바깥 창은 기내의 압력을 일정하게 유지할 수 있도록 내부의 공기가 외부로 빠져나가는 것을 방지하는 역할을 하고, 안쪽의 창은 방음과 보온의 역할을 해.

물론 조종실 창은 더 단단하게 설계되어 있어. 만일의 충돌에 대비해서 깨지지 않도록 다섯 겹에서 일곱 겹까지 고강도 아크릴 수지로 만드는데, 혹시라도 강한 충격을 받아 바깥 창이 깨지더라도 안쪽에서는 아무런 영향을 받지 않도록 한 거야.

비행기 창문 얘기가 나왔으니 한 가지만 더 생각해 볼까? 비행기 창문은 왜 사람 한 명이 통과하기도 쉽지 않을 정도로 작게 만들까? 혹시라도 사고가 났을 때 창문으로라도 빠져나갈 수 있으면 좋을 텐데 말이야.

사실 비행기의 창문이 작은 데에도 다 이유가 있어. 비행기가 날아갈 때 보통 10,000미터를 기준으로 2,000미터 정도가 더해지거나 줄어든 고도를 유지하게 돼. 이 고도로 말할 것 같으면, 세계에서 가장 높은 산 중의 하나인 에베레스트 산(8,848m)과 비슷하거나 그보다 조금 더 높다고 할 수 있지. 사람이 산소 없이 비행할 수 있는 고도는 대략 3,000미터 정도. 만약 그보다 더 높은 고도에서 산소가 공급되지 않은 채 일정 시간이 지나면 의식을 잃게 되고, 시간이 더 지나면 사망할 수도 있어. 고도가 높아지면 높아질수록 기압이 낮아지고, 그러면 공기가 희박해서 숨을 쉴 수가 없기 때문이지.

그런데 10,000여 미터 높이에서 날고 있는, 우리가 타는 비행기에서는 왜 아무 일도 없는 걸까?

그건 바로 비행기에 설치되어 있는 '여압 장치' 때문이야. 여압이란 꽉

여기서 잠깐!

구멍이 뚫린 비행기 창문

관찰력이 아주 좋은 사람이라면 비행기 창문 안쪽 아래쪽에 지름 1mm 정도의 구멍이 나 있는 걸 본 적이 있을 것이다. 비행 중에 구멍을 발견했다면 '헉, 나 이제 죽는 거야?' 하는 생각이 들지도 모른다. 하지만 안심해도 된다. 모든 창문에 구멍이 나 있으니까 말이다.

비행기 안에서 본 창문. 자세히 살펴보면 창문 아래쪽에 작은 구멍이 뚫려 있는 게 보인다.

이 구멍은 세 겹으로 이루어져 있는 비행기 창문의 온도를 적절하게 유지해, 성에가 끼거나 김이 서리는 걸 방지하는 역할을 한다. 보통 비행 중에는 비행기 바깥과 안쪽의 온도차가 75도까지 벌어지게 되는데, 객실 내의 따뜻한 공기가 조그만 구멍으로 흘러 들어가 바깥 창문과의 온도 차이를 줄여 주는 역할을 하는 것이다.

한 가지 더. 왜 네모나 별 모양의 창문은 없고 전부 둥근 모양의 창문인 걸까? 둥근 모양은 높은 압력을 받아도 압력을 창문 전체로 골고루 분산시켜 쉽게 견디지만, 네모나 별 모양은 모서리 부분으로 압력이 쏠리기 때문에 금이 갈 확률이 높아진다. 단지 보기 좋으라고 둥근 모양으로 제작하는 게 아닌 셈이다. 비행기 창문에도 별별 과학이 다 숨어 있으니 별 모양의 창문이 없다고 불평하지 말자!

막힌 실내에 압력을 높여서, 지상과 비슷한 기압을 유지할 수 있도록 만들어 주는 걸 말해. 비행기가 실제 에베레스트 산의 높이로 날아가더라도 여압을 하면 비행기 안의 기압은 한라산(1,950m) 정도의 높이가 되어서 승객들은 전혀 불편함을 느끼지 못하는 거야.

에베레스트 산의 높이로 날아가는 비행기의 내부 압력을 한라산 높이로 만들려면 실내의 기압을 크게 높여야 해. 그래서 창문을 크게 만들지 못하는 거지. 창문이 커지면 내부 압력을 견디지 못하고 빠져서 저 멀리로 날아갈 수도 있으니까. 그래서 세계 최초의 초음속 여객기인 콩코드는 창문을 손바닥만 하게 설계하기도 했어.

구리야! 아빠는 가끔 비행기 동체가 투명으로 된 비행기를 상상하곤 해. 스위치 하나로 비행기 몸체의 색이 변하도록 만들면 어떨까? 그러면 이·착륙할 때 귀찮게 창문 가리개를 내리지 않아도 되고, 햇빛이 강할 때는 스위치를 눌러 빛을 차단하고, 멋진 구름바다가 펼쳐져 있으면 다시 투명하게 바꾸면 되니까 말이야.

이런 비행기를 타고 있으면 멋진 무지개나 구름을 바로바로 볼 수 있고, 밤에는 별을 보면서 비행할 수 있으니 정말 멋질 것 같지 않니? 아빠가 어릴 적에 영화 속에서 보았던 일들이 요즘에 하나씩 둘씩 가능해지는 걸 보면, 너희가 어른이 되었을 때에는 아빠의 철없는 상상이 어쩌면 현실이 될 수도 있지 않을까?

실력 있는 조종사, 실력 없는 조종사

날씨 : 비
비행 일정 : 인천 ⋯→ 스위스 취리히

지난겨울에 독일 여행을 마치고 돌아오는 비행기에서 네 동생 수리가 이륙할 때 무섭다면서 아빠 팔에 매달렸던 일 기억나니? 너는 수리보고 겁쟁이라며 한참 동안 약을 올렸지. 수리는 비행기가 이륙하는 순간, 가슴이 '슈욱~' 하고 내려가는 듯한 느낌이 너무 싫다며 울먹였어.

그때 다독여 주던 너에게 수리가 하는 말을 듣고 내 귀를 의심하지 않을 수 없었어. 수리가 이렇게 말했지?

"내가 비행기 좀 타 봐서 아는데, 베테랑 파일럿이 이륙을 능숙하게 잘하면 그런 느낌이 생기지 않더라고. 근데 초보 파일럿이 이륙을 잘못하면 좋지 않은 느낌이 들어."

그 말을 듣는 순간, '허걱!' 하는 느낌이 들면서 한마디로 어이가 없었어. 비행기가 이륙하는 순간 가슴이 내려가는 듯한 느낌은 놀이공원에서 놀이 기구를 탈 때도, 하다못해 놀이터의 시소나 아파트의 엘리베이터를 탈 때도 느낄 수 있는 아주 흔한 현상이잖아. 이것을 두고 조종을 잘하고 못하고를 따지고 있으니 어이가 없을 수밖에!

그런데 구리 너는 한 술 더 떠서, 독일 공항에 도착할 때 착륙이 완전 환상적이었다면서 이렇게 덧붙였지?

"비행기가 착륙할 때 '쿵' 하고 내리면 조종을 잘못하는 거야. '스르륵' 하면서 땅에 닿는지도 모르게 내리는 게 정말 조종을 잘하는 파일럿이고."

네 동생마저 너의 말에 맞장구를 치며 거드는 모습을 보고 있자니, 그야말로 너희 둘은 남매가 틀림없다는 확신이 들었어. 생각 없기로는 환상의 복식조가 따로 없을 지경이라는 생각과 함께……. 파일럿의 아들과 딸로 십 년을 넘게 살아왔으면서, 이런 말도 안 되는 문제에 서로 장단이나 맞추고 있다니. 아! 이 모자란 남매를 어쩌면 좋단 말이냐?

사실 주변 사람들의 얘기를 들어 보면, 너희와 비슷한 생각을 많이들 하고 있긴 해. 비행기가 착륙할 때 바퀴가 '스르륵' 하며 활주로에 부드럽게 닿으면 조종을 잘하는 것이고, '쿵' 하고 충격을 주면서 착륙하면 실력 없는 파일럿이라고 생각을 하지.

그런데 이런 생각은 비행기 착륙에 대한 지식이 전혀 없는 데서 비롯된 거야. 파일럿은 착륙하기 전에 착륙해야 할 공항의 활주로 길이는 물론, 노면의 상태와 기상 조건 등에 맞추어서 착륙 방법을 결정해.

예를 들어 착륙하려는 공항에 눈이나 비, 강풍 같은 특별한 기상 현상이 없고 활주로 노면 상태가 좋은 편이라면 미리 고도를 낮추고 부드럽게 미끄러지듯 땅에 닿을 수 있도록 착륙을 해. 이렇게 착륙하는 방법을 전문 용어로 '부드러운 착륙(Soft Landing)'이라고 부르지. 이런 경우에 승객은 부드럽게 착륙을 하니까 실력 있는 파일럿이 조종을 한다고 생각하게 되는 거야.

그러면 매번 부드럽게 착륙을 하면 되지 않느냐고? 네가 조종을 못한다고 지레짐작한, 강한 충격을 주며 착륙하는 방식을 '충격식 착륙(Firm Landing)'이라고 불러. 충격식 착륙은 눈이나 비로 인해 활주로가 미끄러울 때, 또는 강한 바람이 불거나 활주로가 짧은 경우에 사용하는 방법이야. 의도적으로 충격을 줘서 활주로와 비행기 바퀴 사이의 마찰 계수를

눈이 내린 활주로에 착륙하는 에미레이트 항공 소속의 A380. 파일럿은 아마도 충격식 착륙을 선택했을 것이다.

높이는 거야. 그러면 착륙 거리가 훨씬 짧아지게 되거든. 대신에 승객들은 '쿵' 하는 작은 충격을 받게 되지.

이처럼 착륙하는 방법은 착륙하고자 하는 공항의 조건과 기상 상태에 따라 가장 적절한 방법을 고민해서 적용하는 거야. 따라서 이런 상황을 알지 못하고 단지 착륙할 때의 느낌만 갖고 착륙을 잘한다느니 못한다느니 판단하는 건 잘못된 거란다.

게다가 전체 비행을 100%라고 봤을 때, 착륙은 전체 비행 과정 중에서 1% 정도에 해당할 뿐이야. 그러니 착륙만으로 파일럿의 실력을 평가하

여기서 잠깐!

오렌지색으로 칠하는 블랙박스

블랙박스는 실제로 눈에 잘 띄는 주황 형광색(오렌지색)에 가까운 색으로 칠해져 있다. 중요한 정보가 들어 있으므로 어디에서든 눈에 잘 보여야 하기 때문이다.

블랙박스는 1958년에 처음으로 제작되었다. 크기는 라면 상자 정도인데, 25시간 동안의 모든 비행 정보를 저장할 수 있는 '비행 정보 기록 장치(FDR, Flight Data Recorder)'와 최종 30분간 파일럿의 모든 교신과 대화 내용을 녹음할 수 있는 '음성 기록 장치(CVR, Cockpit Voice Recorder)'로 구성되어 있다. 비행기 사고가 발생했을 때 사고의 원인을 규명하는 데 필요한 핵심 자료를 보관하는 중요한 상자인 셈이다.

그래서 사고 현장에서도 쉽게 발견할 수 있도록 눈에 잘 띄는 색을 칠하고, 비행기가 추락할 때 가장 충격을 적게 받는 꼬리 날개 부분에 보관한다. 또한 사고가 났을 때 받는 충격에 견딜 수 있도록 튼튼하게 만드는데, 자기 무게의 3,400배의 충격에도 견딜 수 있고 1,100도의 온도에서도 30분간 견딜 수 있는 특수 합금으로 제작된다.

블랙박스의 실제 모습. 모양은 조금씩 다르지만 색깔은 비슷하다.

만약 항공기가 호수나 바다에 추락하는 경우에는 어떻게 될까? 블랙박스에 부착되어 있는 위치 발신 장치가 물과 접촉하면 화학 반응을 일으켜 비상용 주파수를 25~30일간 발신하고, 6,000미터 깊이의 바닷속에서도 30일을 버틸 수 있다. 또 자체 배터리 수명이 6년간 지속되도록 만들어져 있어서, 수년이 지나더라도 발견만 할 수 있으면 당시의 상황을 알아낼 수 있다.

남아프리카공화국 쿨룰라 항공 소속의 비행기. 기체 바깥에 비행기 각 부분의 용도를 그려 놓았다. 주 날개와 꼬리 날개 사이에 블랙박스의 위치를 가리키는 화살표가 있다.

블랙박스를 조사한다는 건 비행기 사고가 있었다는 뜻이므로 듣기 좋은 말은 분명 아니다. 하지만 블랙박스가 있기 때문에 사고가 어떻게 일어났는지 알게 되고, 이와 비슷한 사고가 또다시 발생하는 것을 예방할 수 있으므로 비행기에 꼭 필요한 장비라고 할 수 있다.

는 일 자체가 선부른 일이겠지? 평소에 아빠가 너희에게 결과보다는 과정이 중요하다고 강조하는 것도 같은 맥락이라고 볼 수 있어.

지금 아빠가 가고 있는 스위스의 취리히 공항에 대한 정보가 계속해서 업데이트되고 있어. 우리가 도착하는 오후까지 비가 계속 내리고 바람도 상당할 것으로 예상된다고 그러네.

전체 활주로의 길이는 착륙에 충분할 만큼 길지만, 활주로 노면이 젖어 있어서 상당히 미끄러울 거야. 게다가 많은 비행기들이 착륙하는 공항이라 빨리 활주로를 비워 주어야 할 테고. 이러니저러니 고민을 해 보아도 이번에는 충격식 착륙을 해야 할 것 같아. '쿵' 하고 충격을 주면서 착륙했다고, 실력 없는 파일럿이라며 흉을 보는 깜찍한(?) 승객이 부디 없어야 할 텐데…….

너희 남매를 생각하면 벌써부터 걱정이 앞서는구나.

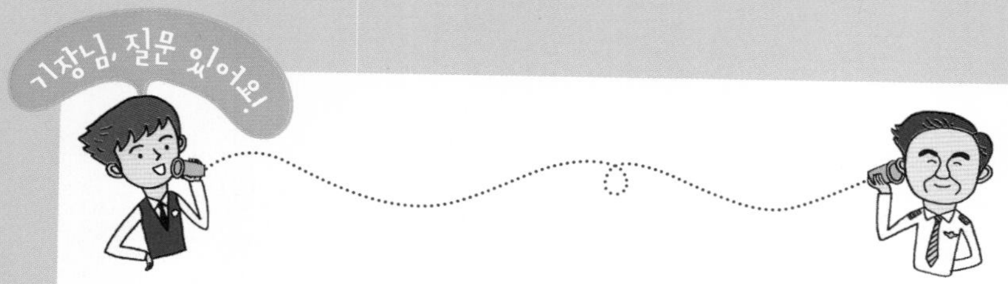

Q 비행하기 전 영어로 안내 방송을 하시던데, 영어를 아주 잘해야 하나요?

A 사실 회사에서 나누어 주는 방송 매뉴얼이 있어요. 주로 그걸 보고 방송을 해요. 물론 가족이나 아는 사람이 탔을 때는 발음이나 억양에 무진장 신경이 쓰이지요. 대부분의 항공사에서는 영어 학습을 할 수 있도록 학습 과정을 마련해 두는데, 그 과정만 활용해도 업무에는 전혀 지장이 없어요. 하지만 영어를 잘하면 잘할수록 여러 나라의 문화를 체험할 수 있는 기회가 점점 늘어난다는 점은 꼭 알아 두세요!

Q 파일럿은 한 가지 비행기만 조종하나요?

A 파일럿이라고 계속 한 가지 비행기만 조종하는 건 아니에요. 아저씨의 경우 공군에서 수송기를 조종했고, 현재는 A300, A330을 거쳐서 A380을 조종하고 있어요. 사실 아저씨가 제일 좋아하는 기종은 수송기인 CN235예요. 그 이유는 여객기와 달리, 군용 비행기라서 다양한 기동을 할 수 있기 때문이지요.

공군에 복무할 때 직접 조종했던 CN235의 비행 모습.

Q 초음속 비행을 해 보셨나요? 기분이 어떤가요?

A 초음속까지는 아니고, 아음속(음속에 가까운 속도)으로 비행을 해요. 그런

데 사실 비행기 안에 있으면 별다른 느낌은 없어요. 감각 기관이 속도를 느낄 수 없기 때문이에요. 비행기 밖이라면 얘기가 달라지겠지요!

Q 파일럿을 위한 화장실이 따로 있나요?

A 보통은 그렇지 않아요. (하지만 A380에는 파일럿용 화장실이 따로 있어요!) 파일럿도 승객과 같은 화장실을 이용한답니다. 하지만 승객들이 파일럿을 좀처럼 보지 못하는 이유는, 조종실 밖에 승객이 없는 걸 확인하고 후다닥 다녀오기 때문이에요. 식사도 마찬가지예요. 파일럿들은 기내식을 조종실에서 먹기 때문에 승객들은 볼 수가 없어요. 대신, 기장과 부기장은 서로 다른 메뉴를 먹도록 정해져 있어요. 혹시라도 같은 음식을 먹었다가 식중독에 걸려서 두 사람이 동시에 아프면 안 되니까요. 기장이 맛있는 거 먼저 고르냐고요? 그런 순서는 없어요! 그냥 배고픈 사람이 먼저 먹는 거예요.

Q 비행을 하실 때마다 시차 적응하기가 힘들지 않으세요?

A 지금도 유럽이나 미국같이 먼 거리를 비행할 때는 애를 먹어요. 그래서 요령이 생겼는데, 비행하기 전에 미리 가야 할 나라의 시차를 맞추려고 노력하는 거예요. 그래야 비행할 때 덜 피곤하거든요. 유럽으로 비행을 앞두고 있다면 일부러 새벽 3시에 자고 오전 10시에 일어나는 식으로요. 응? 주말에는 원래 그렇게 일어나는 거라고요? 여러분, 파일럿이 되려면 지금부터 아침 일찍 일어나 운동하는 습관을 들여야 된다고요!

chapter 3

비행 중에는 어떤 일이 생길까?

- 햄스터 탈출 대소동
- 바람아, 멈추어 다오!
- 비행기로 태풍을 통과한다고?
- 공중 부양의 달인은 싫어!
- 눈이 오나 비가 오나, 비행기 생각
- 비행기에게 천적이 있다고?
- 어머, 얘들이 달라요!
- 사람이 꽃보다 아름다워

햄스터 탈출 대소동

날씨 : 잿빛 하늘
비행 일정 : 김포 ⋯→ 제주

구리야, 오늘 무슨 일이 있었는지 아니? 몇 년 전에 너에게 추억을 만들어 주었던 바로 그 녀석들이 일을 저질렀어. 너에게 추억을 만들어 주었던 녀석들이라고 하면 맞출 수 있으려나? 너무 어려울 것 같으니까 힌트를 하나 줄게. 크리스마스 때 막내 고모에게 받았던 선물이야. 그래, 맞아! 애완용 쥐 '햄스터'.

다시 떠올리고 싶지는 않겠지만, 시간 날 때마다 햄스터를 들여다보고 만지작거리던 너는 결국 설치류가 옮긴다는 바이러스에 감염되어 한동안 딸기코로 생활해야 했지.

바로 그 녀석들이 오늘 비행기에서 사고를 제대로 쳤어. 햄스터 몇몇 녀석들이 화물칸에 따로 실렸는데, 어떻게 그랬는지 모르겠지만 우리에

서 탈출한 거야. 결국 해당 비행 편은 취소되었고, 승객들은 다른 비행기로 옮겨 타야 했지. 게다가 많은 사람들이 나서서 햄스터를 잡느라 한참 동안 소란을 피웠단다. 너희 주먹보다도 작은 햄스터 때문에 왜 커다란 비행기가 출발도 하지 못하고 소란을 피웠을까? 보기를 줄 테니 한번 맞춰 봐.

1. 햄스터 주인이 슬퍼할까 봐
2. 객실로 뛰어들어 승객들을 놀라게 할까 봐
3. 비행기 장비나 시설을 훼손할까 봐

정답은 세 가지 모두 될 수 있어. 하지만 가장 정확한 답은 3번이야. 왜 그럴까? 바로 햄스터가 설치류이기 때문이야. 설치류는 앞니가 빨리 자라기 때문에 이빨을 갈아 내는 습성이 있어. 만약 녀석들이 비행기에 숨어 있다가 비행 중에 무심코 전선이나 배관 등을 이빨로 갉아 내기라고 한다면, 합선을 일으키거나 액체가 새어서 큰 사고가 발생할 수 있어. 그렇기 때문에 비행을 취소하고서라도 우리를 탈출한 녀석들을 확실하게 붙잡아야 되는 거야.

원래 토끼나 햄스터 같은 설치류는 특수 우리에 가두어서 특별 화물로 취급하고 있어. 하지만 어떤 방법을 썼는지, 오늘 소동을 벌인 '빠삐용' 햄스터 녀석들은 특수 우리를 뚫고 탈출에 성공한 거지. 용기는 가상했지만 승객의 안전을 위협할 수 있으니만큼 호기를 부린 녀석들을 철저히 찾아낼 수밖에 없었어.

지난번에 아빠랑 같이 버스를 탔을 때 어떤 할아버지 옆자리에 의젓하게 앉아 있던 맹인견 기억나니? 네가 녀석을 쓰다듬어 주고 어루만져 주면 꼬리를 흔들며 좋아하면서도 주인에게서 한순간도 눈을 떼지 않던 그 녀석 말이야. 아빠도 녀석의 의젓한 태도에 반해 잠시도 눈을 떼지 못했던 기억이 나는구나.

그럼 맹인견은 비행기에 탈 수 있을까? 정답은 '탈 수 있다.'야. 맹인견은 언제든지 사람과 함께 비행기에 탑승할 수 있어. 사람과 똑같은 취급을 받는 거지. 사람과 동등한 대우를 받으니 동물로서 최고의 대접을 받는다고 할 수 있지 않을까? (물론 녀석의 마음이 어떤지는 모르겠지만 말이야.) 그렇지만 맹인견처럼 객실에 자유롭게 탑승할 수 있는 동물은 매우 제한되어 있어.

왜 그럴까? 이유는 간단해. 특정 동물을 선호하는 사람에게는 애완동물이겠지만, 그 동물을 좋아하지 않는 사람에게는 혐오감을 줄 수 있기 때문이야. 그래서 개나 고양이, 애완용 새 등 우리 주변에서 흔히 볼 수 있는 동물은 사람과 같이 객실에 탈 수 있지만, 상대적으로 낯설게 느낄 수 있는 거북이나 뱀, 돼지, 병아리 같은 동물은 객실에 탑승할 수 없어.

물론 객실에 탑승할 수 있다고 해도, 맹인견과 같이 자유롭게 활보할 수 있는 건 아니야. 전용 우리에 들어가야만 탑승이 가능하거든. 또 우리의 크기가 가로와 세로, 높이를 통틀어 115cm를 초과하면 화물칸에 탑승해야 하니까 맹인견과는 처지가 확실히 다르다는 걸 알 수 있지.

싱가포르 항공 소속 A380 여객기의 내부 모습.

A380의 화물칸 내부 모습.

참고로 바이올린처럼 크기가 작은 악기는 무료로 기내에 실을 수 있지만, 길이가 115cm를 초과하는 첼로나 더블베이스, 거문고 등과 같이 커다란 악기는 별도의 좌석을 구입해야만 기내로 가져갈 수 있어. 그러다 보니 웃지 못할 일이 생기기도 해.

여기서 잠깐!

비행기 내에서 지켜야 할 에티켓

비행기도 공공장소인 만큼 지켜야 할 예절이 있다. 애완동물을 꼭 우리 안에 넣어야만 하는 것도 그중 하나. 그럼 또 어떤 예절을 지켜야만 할까?

• 의자를 젖힐 때

승객 사이에서 잦은 언쟁이 일어나는 경우는 대개 '의자를 젖힐 때' 발생한다. 예를 들어 내 자리에 앉아 책을 보려고 앞사람 의자 뒤편에 붙어 있는 식탁을 펼쳤다. 천천히 마시면서 책을 읽으려고 오렌지 주스도 옆에다 한 잔 올려 두고 말이다. 그런데 앞에 앉은 사람이 잠을 청하려고 의자를 뒤로 확 젖히면 어떻게 될까? 십중팔구는 책에다 주스를 쏟게 된다.
정확히 따지면 승객은 의자가 젖혀지는 공간까지 사용할 수 있게 되어 있다. 하지만 모두가 식사를 하는 시간에는 뒷사람을 위해 의자를 세워 주는 배려를 발휘하면 어떨까? 또 의자를 뒤로 젖힐 경우에는 뒷사람이 준비할 수 있도록 시간적 여유를 갖고 천천히 등받이를 조절하는 게 주변 사람을 위한 에티켓이다.

• 신발 벗을 때

장시간 비행을 하는 경우, 시원함을 느끼기 위해 신발을 벗는 사람들이 종종 있다. 그렇다면 비행기에 타서 신발을 벗는 건 어떨까? 사실 '기내에서 절대로 신발을 벗어서는 안 된다.'라는 규칙이 있는 건 아니다. 그러니 신발을 벗고 양말만 신고 가는 정도는 크게 나쁘다고 보기 어렵다. 하지만 양말까지 벗고 맨발로 다니는 건 피하도록 하자. 보기에도 좋지 않고 위생상으로도 주변 사람들에게 피해를 줄 수 있다.

한번은 유명한 첼리스트가 텔레비전에 출연해서 "비행기를 탈 때마다 첼로 좌석을 따로 구입하는데, 기내식도 안 주고 마일리지 적립도 안 된다."며 웃음 섞인 불평을 하기도 했어.

구리야, 오늘 아빠의 비행이 어떨 것 같니? 항로의 상황으로 봐선 중간중간 흔들릴 것으로 예상되지만, 그래도 햄스터 탈출 소동같이 돌발적인 사건만 일어나지 않는다면 무사히 잘 다녀올 수 있지 않을까?

비행 때마다 안전 운항을 바라는 아빠의 바람에 너의 마음을 더해 주면 정말이지 큰 힘이 될 것 같구나.

바람아, 멈추어 다오!

날씨 : 맑음
비행 일정 : 인천 ⋯→ 프랑스 파리

모든 일과를 정리하고 잠자리에 들려고 하는데, 갑자기 오늘 하루가 유난히도 길게 느껴졌어. 인천에서 프랑스 파리까지 처음 비행한 것도 아닌데 왜 그런 걸까? 곰곰이 생각해 보니 이유가 있더라고. 내가 직접 조종하는 비행기에 가족을 태운 게 처음이다 보니, 다른 때보다 훨씬 더 긴장이 되었던 모양이야.

특히 기내 방송을 할 때 너희가 듣는다고 생각하니까 목소리마저 점점 더 부자연스러워지더구나. 게다가 긴장감 속에 멋있게 보이려고 목소리를 낮게 깔아 몇 마디 하는데, 갑자기 기침이 터져 나오는 바람에 얼마나 당황을 했던지!

나중에 들으니 인천에서 파리까지 약 열두 시간 걸린다는 기내 방송이

나오자마자, 네가 수리에게 "파리에서 인천 공항으로 갈 때는 열 시간 정도밖에 안 걸려!"라며 잘난 척을 했다지? 오빠가 어떻게 아느냐고 묻는 수리의 질문에 목소리까지 깔고선 "바람 때문이야!"라고 했다던데, 정말이니? (요 녀석, 아빠 목소리 감상할 생각은 안 하고…….)

서당 개 삼 년이면 풍월을 읊는다더니, 생각보다 파일럿 아들다운 면이 있다는 생각에 조금은 뿌듯하더구나. 게다가 계속 이어지는 동생의 질문에 얕은 지식이 바닥나자, "그런 게 있어! 더 크면 다 알게 돼."라며 발 빠른 임기응변으로 위기 대처 능력까지 보여 주었다니! 역시 날 쏙 빼닮은 아들이라는 생각이 들었지.

비행에 대해서만큼은 구리 너보다 쪼끔 더 아는 아빠가 설명을 보태 줄까? 너를 당황하게 했다는 '두 시간의 비밀'은 바로 하늘에 흐르는 있는 '바람의 강' 때문이야. 하늘에 흐르고 강이라니, 뭔가 멋진 것 같다고? 그럼 '바람의 강'에 대해서는 너에게만 알려 줄 테니, 돌아가는 비행기에서 네 동생에게 보란 듯이 설명해 주어서 오빠의 위상—만약 아직 남아 있다면—을 되찾아 보려무나!

하늘에는 서쪽 하늘에서 동쪽 하늘로 흐르는 '제트 기류(Jet Stream)'라는 바람의 강이 있어. 이 강은 물이 아니라 공기가 흐르는 거라서 눈에 보이지는 않아. 하지만 그 속도는 태풍만큼이나 빠르고 강력해. 바로 여기에 두 시간의 비밀을 풀 수 있는 열쇠가 있는 거지.

세계 지도를 펴 보면 알겠지만, 프랑스는 우리나라 서쪽에 있어. 그러니 인천에서 파리로 가려면 서쪽으로 가야만 해. 그런데 하늘에서는 제트 기류, 즉 바람이 항상 서쪽에서 동쪽으로 불기 때문에 맞바람을 맞아야 해서 비행기가 제 속력을 낼 수 없어. 반대로 파리에서 인천으로 올 때는 제트 기류가 비행기를 뒤에서 밀어 주기 때문에 훨씬 빨리 올 수 있는 거지. '순풍에 돛 단다.'는 말 들어 봤니? 아마 파리에서 인천으로 올 때를 나타내는 가장 적절한 표현이 아닐까 싶어. 이처럼 바람의 방향 때문에 같은 거리를 같은 속도로 난다고 해도 두 시간의 차이가 생기는 거야.

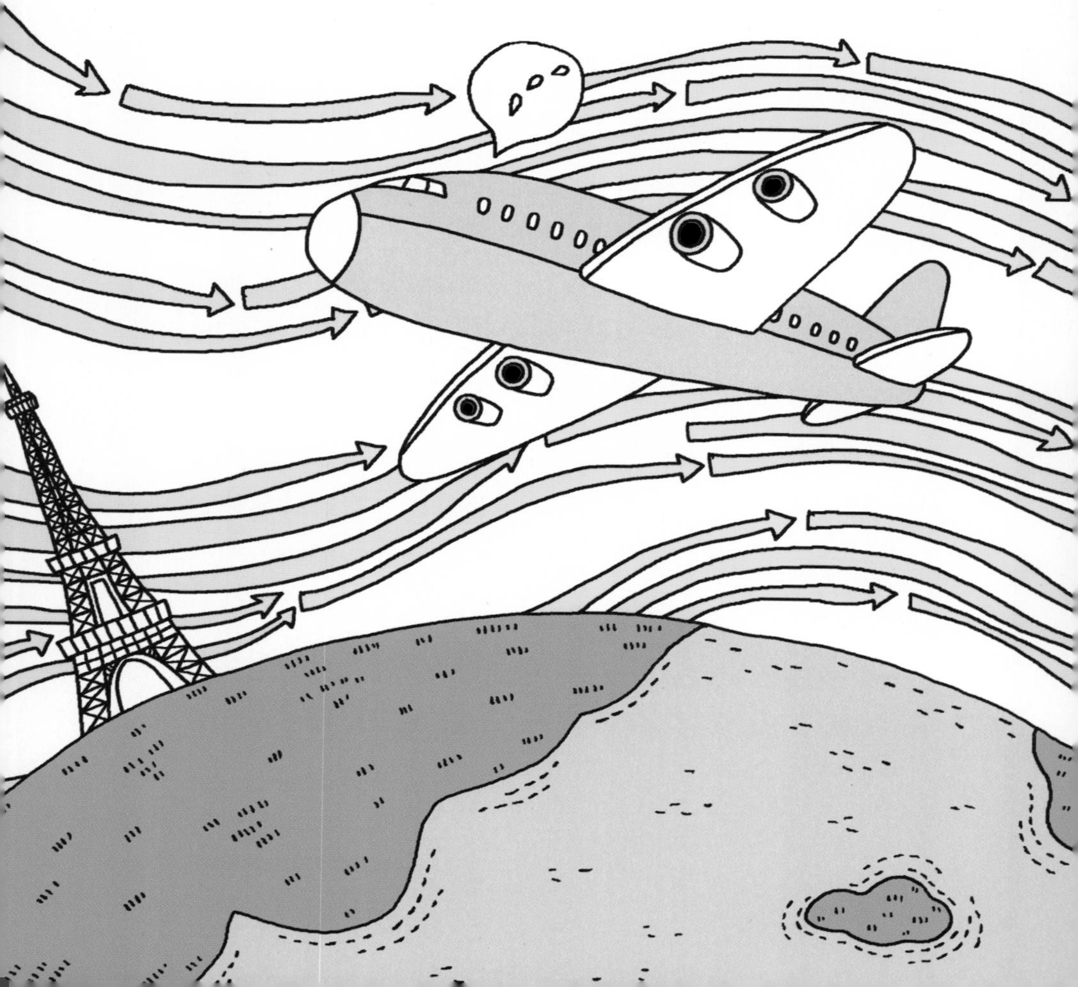

이런 이유로 비행 항로를 정할 때면 제트 기류를 이용할 수 있는 항로를 선택하기도 하고, 반대로 제트 기류로부터 벗어나 바람의 영향을 가장 적게 받는 항로를 선정하기도 해. 어떤 항로를 선택하느냐에 따라 연료를 절약하고 시간을 줄이는 효과를 얻을 수 있으니까. 이 정도만 설명해도 네 동생이 널 바라보는 눈빛이 확 달라질걸?

바람에 관련된 이야기를 하나만 더 해 줄게. 혹시 공항에 착륙하는 비행기가 활주로 방향과 다른 엉뚱한 곳을 바라보며 공중에서 내려오는 장면을 본 적이 있니? 아마 쉽게 볼 수 있는 장면은 아닐 거야. 왜 이런 일이 발생하느냐 하면, 착륙을 할 때 옆에서 강한 바람이 불기 때문이야. 옆바람이 비행기의 꼬리 날개를 밀어내기 때문에 비스듬한 자세로 착륙을 하는 것처럼 보이는 거지. 비행기는 어느 정도까지는 비스듬한 자세로 바람을 헤치며 이륙과 착륙을 할 수 있어.

그렇지만 한계치 이상의 강한 바람이 불면 비스듬한 자세로도 버티지 못하고 결국 비행기가 바람에 밀려 낙엽처럼 날아가 버리게 되지. 거대한 쇳덩어리가 바람에 밀려나다니, 이해가 되지 않을 수도 있어. 하지만 사람의 힘으로 자연의 힘을 거스를 수는 없으니, 이럴 때는 바람이 수그러들 때까지 느긋하게 기다리는 수밖에 없지.

아빠는 오늘 파리 공항에 착륙을 하는 내내, 파리가 너희를 손님으로 정중히 맞이하는구나 하는 생각을 했어. 비록 환영한다는 현수막은 없었지만 바람 한 점 없는 좋은 날씨 덕분에 별 어려움 없이 착륙한 뒤, 복잡하기로 유명한 샤를 드골 공항에서 곧바로 게이트로 이동해 입국 수속을 마칠 수 있었으니까 말이야.

이제 슬슬 눈을 붙여야 하는데……. 긴장이 풀려서 그런지, 오랜만의 가족 여행이 설레어서 그런지 잠이 잘 오지 않네. 여행할 때마다 느끼는 거지만, 아빠는 이런 설렘이 참 좋더라.

여기서 잠깐!

비행기의 식사량을 줄여라!

비행기의 식사량이라는 말을 보고, '승객들의 기내식을 줄이겠다고?'라며 흥분하는 사람도 있을 것이다. 하지만 여기서 말하는 비행기의 식사량이란 비행기에 넣는 연료를 말하는 것이니 성급하게 놀라지 말자.

앞에서도 이야기했듯이, 비행기는 연료를 아끼기 위해 항로를 바꾸기까지 한다. 그렇다면 비행기는 어떤 연료를 사용하는 것일까? 여객기와 같이 제트 엔진을 사용하는 비행기는 특별히 제작된 '항공유'라는 연료를 사용한다. 항공유는 등유와 휘발유, 여기에 산화 방지제, 부식 방지제, 빙결 방지제, 미생물 살균제 등을 첨가하여 만드는데, 무색 또는 옅은 호박색을 띤다.

항공유의 특징은 어는점이 낮다는 사실이다. 높은 고도에서 비행하는 특수성을 고려해서 영하 45도 이하의 온도가 되어야 얼도록 특수 처리를 한다. 러시아 등 추운 북쪽 지방을 비행할 때는 영하 60도에서도 얼지 않도록 지역의 특성을 고려해서 만들기도 한다.

또 다른 특징은 높은 온도에서 불이 붙는다는 점이다. 왜 높은 온도에서 불이 붙게 만들었을까? 항공유의 발화점이 높은 이유는 단순하다. 일반 자동차에 사용하는 휘발유와 같이 연소가 잘 되는 연료를 싣고 오래 비행을 하려면 비행기의 연료통이 어마어마하게 커져야 하는 문제점이 생기기 때문이다. 하지만 항공유와 같이 발화점이 높은 연료는 연소 시간이 길기 때문에 적은 양으로도 많은 힘을 낼 수가 있다. 물론 불이 잘 붙지 않기 때문에 불을 붙이기 위한 복잡한 장치가 따로 필요하다는 단점도 있다.

그럼 여기서 질문! 할리우드 영화에 종종 등장하는, 라이터로 제트 여객기 연료통에 불을 붙이는 장면은 실제로 가능할까? 위에서 설명을 다 했으니, 나머지는 여러분의 상상에 맡긴다.

비행기로 태풍을 통과한다고?

날씨 : 태풍의 영향권

비행 일정 : 인천 ⋯→ 베트남 호치민

구리야, 너에게 이렇게 편지를 쓸 수 있다는 것만으로도 진짜 행복한 느낌이 들어. 어제 비행을 할 때는 너희가 얼마나 보고 싶었는지 몰라. 새삼스럽게 왜 이러느냐고? 솔직하게, 정말 솔직하게 말하면 어제 저녁만큼 비행이 무서웠던 적은 없었어.

기장이 겁을 먹으면 어떻게 하냐고? 겁쟁이 아빠라고 흉볼 수도 있겠지만, 많고 많은 비행 경력 중에서 두 번 다시 생각하고 싶지 않은 최악의 경험이었거든.

어느 정도였냐고? 어제는 베트남 남부에 있는 호치민으로 향하는 중이었어. 출발 전 브리핑을 할 때 태풍이 남쪽에서 홍콩을 향해 올라오고 있는데, 중국 본토를 통과할 거라는 예보를 받았지. 하지만 태풍이 북상하는 시간과 아빠가 비행하는 경로를 계산해 보니, 비행하는 데 크게 영향을 받지 않을 것으로 예상되어서 예정대로 출발을 한 거야.

그런데 이게 웬걸! 태풍이 올라오는 속도가 빨라졌는지, 우리가 막 홍콩 앞바다를 통과할 때 폭풍우를 동반한 구름이 빽빽하게 항로를 뒤덮고 있어서 지나갈 길이 전혀 없는 거야. 기상 레이더를 작동해서 구름 사이로 난 길이 없는지 샅샅이 찾아봤지만 우회할 길조차 보이지 않았어. 그래서 결국은 구름을 뚫고 통과하기로 결정했지.

사실 이렇게 기상 조건이 악화된 지역을 비행하는 최선의 방법은 구름을 피해 돌아가거나, 구름 위로 올라가서 통과하는 거야. 하지만 아빠가 조종하는 비행기는 높은 고도까지 올라가지 못할 상황인 데다가, 구름이 좌우로 길게 펼쳐져 있어서 돌아갈 수도 없는 상태였어. 그래서 고심 끝에 안전띠를 조여 매고 구름을 통과하기로 한 거야.

그런데 막상 태풍의 영향권 속으로 진입을 하자마자 '이거 장난이 아니네!' 하는 생각이 들었어. 예상한 것보다 훨씬 더 심하게 기체가 흔들리는 건 둘째치고, 폭우에다가 번개까지 몰아치니까 정신을 차릴 수가 있어야지.

엄청난 자연의 힘 앞에서 우리 비행기는 그저 낙엽같이 바람이 부는 대로 이리저리 흩날릴 뿐 아무런 대응도 할 수 없었어. 악몽의 순간 일이 분이 마치 한두 시간은 지난 듯이 길게 느껴졌지. 그런 구름 속을 십 분 정도 비행해서 통과했는데, 마치 열 시간은 지난 듯했어. 나중에 거울을 보니 아빠 얼굴이 그새 십 년은 더 늙은 것 같더구나.

폭풍우를 통과할 때 언뜻 창밖을 보니, 날개 끝에 있는 위치등이 위아래로 일 미터는 족히 흔들리는 듯했어. 비행기 날개는 동체에 단단히 고정되어 있는데도 불구하고, 마치 새가 날갯짓을 하는 것처럼 무시로 흔들렸던 거야. 깜깜한 밤바다 한가운데를, 그것도 폭풍우를 뚫고 날아가는 비행기의 날개가 갈매기 날갯짓하듯 흔들리고 있었으니 그야말로 아찔한 상황이었지.

처음에는 앞을 가로막는 구름을 뚫지 못한 채 날개가 부러져 비행기가 추락할 수도 있겠구나, 하는 생각마저 들었어. 그러자 나도 모르게 공포가 밀려와서, 어쩌면 마지막이 될지도 모른다는 생각에 마음속으로 가족에게 작별 인사까지 했다니까!

지금까지 파일럿으로서 오랜 비행을 해 온 아빠도 이런 공포와 위기감을 느끼기는 처음이었어. 정말이지 기억조차 하고 싶지 않은 최악의 순간이었다고나 할까? 공포와 긴장의 십 분이 지나자 비행기는 서서히 태풍의 영향권에서 벗어나더니, 언제 무슨 일이 있었나 싶을 정도로 조용히 목적지에 도착했어.

다음 날 아침, 숙소에서 텔레비전을 켜자마자 어제 저녁 홍콩 공항에 착륙하던 비행기 한 대가 강한 바람에 뒤집혔다는 뉴스가 나오고 있더구나. 공교롭게도 우리 비행기가 힘들게 지나오던 그 시간쯤에 착륙을 시도하다가 사고가 난 것이었지. 사고를 당한 파일럿들도 최선을 다했을 텐데……. 자연의 강력한 힘 앞에서 그저 '지독히 운이 없었구나.' 하는 생각이 들었어.

구리야, 왜 아빠가 구름은 피해 가는 게 상책이라고 했는지 아니? 파란 하늘에 떠 있는 하얀 구름은 멋있고 아름답기만 한데 뭐가 무서워서 피해 가는 것일까? 파일럿이 가장 싫어하는 구름이 있어. 바로 솜털 모양의 뭉게구름이야. 이유가 뭐냐고? 구름의 모양에 이미 답이 들어 있어.

뭉게구름은 구름 속에서 올라가는 기류와 내려가는 기류가 만나고 있기 때문에 뭉게뭉게 위로 올라가는 것처럼 보이는 거야. 심한 경우에는 위로위로 마구 올라가서 대기권 꼭대기까지 도달하는 위용을 보이기도 하지. 만약 비행기가 이런 구름 속에 들어가게 되면 상승하는 기류와 하강하는 기류에 의해 위아래뿐 아니라 좌우로도 마구 흔들리게 되거든.

강도가 약한 경우에는 놀이동산에서 기구를 타는 느낌 정도로 끝나겠지만, 심한 경우에는 어제 저녁에 폭풍우를 뚫고 온 아빠와 같은 상황에 처하게 되는 거야. 게다가 이런 구름 속에는 보통 우박이 숨어 있는 경우가 많아서 자칫하면 비행기 창문이 깨질 수도 있고, 비행기 표면이 충격을 받아서 소보로빵처럼 우둘투둘하게 변하기도 해. 또 비행기가 수시로 번개를 맞기도 하지.

비행 중에 번개를 맞으면 어떻게 되냐고? '쿵' 하는 충격과 진동이 조종실까지 전해져서 깜짝 놀라게 되지. 충격이 심한 경우에는 날개나 동체가 파손되기도 하고, 비행 장비가 손상되기도 해.

내가 너무 무서운 이야기만 했나? 분위기를 좀 바꿔 볼까? 비행 중에 번개를 맞는다고 크게 걱정할 필요는 없어. 비행기는 '패러데이의 새장 효과(새장에 전류가 흘러도 새장 안에 새는 안전하다는 원리)'라는 원리가 적용되는 데다 '정전기 방출기(Static Discharger, 비행기 주 날개와 꼬리 날개, 그리고 방향타 등 세 군데에 설치되어 있는 길이 10cm, 직경 1cm 정도의 막대 모양 장치. 비행기가 번개를 맞았을 때 전류를 공기 중으로 방전시키는 역할을 한다.)' 라는 장치가 있어서 번개를 맞더라도 비행기 안에만 있으면 안전하거든.

여기서 잠깐!

파일럿이 가장 싫어하는 순간, '마의 11분'

파일럿들 사이에, 아니 비행 업계에는 '마의 11분(Critical 11 Minutes)'이라는 말이 있다. 이 말은 '이륙할 때 3분, 착륙할 때 8분'을 뜻하는데, 비행기 사고의 대부분이 이·착륙을 하는 11분 안에 발생한다는 의미이다. 관련 통계 자료를 보면, 항공기 사고가 발생한 순간은 이륙할 때 28%, 착륙할 때 46%로 항공 사고의 74%가 '마의 11분' 안에 발생했음을 알 수 있다.

'이륙할 때 3분'은 비행기의 제트 엔진이 낼 수 있는 최대 추력을 분사해서 엄청나게 무거운 비행기가 만유인력의 법칙을 거스르며 공중으로 날아오르는 초기 단계를 가리킨다. 즉 아직 항공기가 안전한 운항에 접어들 정도로 충분한 속도를 내지 못하는 상태인 데다가, 주변에 있는 장애물을 안전하게 회피할 수 있을 정도로 충분한 고도를 확보하지 못한 상태이므로 사고가 날 확률이 높은 시간대인 것이다. 게다가 조류와 충돌하는 등 돌발 상황이 발생할 위험도 도사리고 있어서 사고 발생 확률이 상대적으로 높을 수밖에 없다.

'착륙 전 8분'은 장애물을 회피하면서 비행기의 속도를 줄여 활주로로 접근하는 시간대를 가리킨다. 달리 말하면 비행기가 고도를 낮추면서 점차 가까워지는 지상 장애물로부터 안전 고도를 확보하고, 다른 비행기나 조류와 같은 갑작스런 장애물로부터 안전거리를 유지하면서, 고속으로 운항하던 비행기의 속도를 단계별로 줄여 착륙할 수 있을 정도의 느린 속도로 전환하는 숨가쁘게 바쁜 단계인 것이다. 홍콩 공항에서 태풍 때문에 뒤집힌 여객기도 이 시간대에 사고가 발생했다.

이처럼 항공기가 이륙하고 착륙할 때는 혹시 모를 변수에 대비하기 위해 모든 승무원들이 잔뜩 긴장하게 된다. 그래서 항공기 이착륙 전에 혹시 모를 전파 방해에 대비해 승객들에게 휴대폰과 노트북 같은 전자 장비의 전원을 끄거나 비행 모드로 해 주길 요청하는 것이다. 이제 '마의 11'분에 대해서 충분히 알았으니, 승무원의 요청에 흔쾌히 따르도록 하자.

그래서 번개를 맞은 비행기가 공중분해되었다거나, 폭발했다거나, 승객이 번개로 인해 감전된 적이 한 번도 없는 거야. 이 정도면 비행기가 안전한 탈것이란 증거가 충분하지?

그리고 번개를 맞는 일은 상당히 드물어. 삼십 년 동안 비행을 한 아빠도 번개를 맞은 적은 딱 한 번뿐이니까. 번개 맞을 때 기분이 어떨 것 같니? 사실, 절대로 좋은 기분은 아니야. 놀랍기도 하고 당황스럽기도 하니까. 너희들 표현을 빌리자면 기분 '개더럽'다고나 할까? 그래서 뭉게구름을 만나면 반드시 피해 가는 거야. 무서워서가 아니라 귀찮아서 피해 가는 거지.

아빠는 어제 비행을 통해 힘들고 어려운 시간은 영원하지 않다는 사실을 다시금 느꼈어. 십 분이 열 시간 같은 그 순간이 결국은 지나간 것처럼, 그 어떤 힘든 시간도 곧 지나가기 마련이니까. 어려움을 겪는 시간을 힘들다고만 생각하면 고통스럽지만, 지나가는 시간 속에서 스스로 헤쳐 나갈 수 있다는 자신감을 가지면 그저 한순간에 불과한 거지. (근데 왜 가족한테 작별 인사까지 했냐고? 구리야……, 요즘 어째 매사에 불평불만만 많아진 것 같다?)

구리, 너도 어려운 일이 닥쳤을 때 불평이나 절망만 하지 말고 '이 또한 곧 지나갈 것이다!' 하고 느긋이 생각했으면 좋겠구나.

공중 부양의 달인은 싫어!

날씨 : 구름 많음

비행 일정 : 호주 멜버른 → 인천

구리야, 네가 첫 해외여행을 갈 때 비행기에서 있었던 일 생각나니? 엄마가 안전띠를 매어 주려고 하자 답답하다며 생떼를 부려 놓고선, 승무원 누나가 상냥하게 웃으며 "착한 어린이는 안전띠를 꼭 맨답니다."라고 당부하자 아무 소리도 못 한 채 순한 양이 되었지. 엄마 말은 귓등으로도 안 들으면서 예쁜 누나 말은 잘만 듣는다고 엄마가 서운해하던 기억이 새록새록 떠오르는구나.

그렇게 철없던 녀석이 이제는 수학여행 가는 비행기 안에서 안전띠를 매지 않고 장난치는 친구들한테 따끔하게 지적을 했다니……, 은근히 뿌듯한걸? 다음부터는 친구들에게 지적만 하지 말고, 왜 비행기에서 안전띠를 매야 하는지 파일럿의 아들로 살아온 십여 년 동안의 지식을 총동

원해서 설명까지 해 주면 참 좋겠는데 말이야.

많은 사람들이 자동차에서는 안전띠를 의무적으로 착용하면서, 비행기에서는 풀어 놓는 경우가 많아. 자동차는 급브레이크를 밟는 경우가 많지만, 비행기는 아무것도 없는 공중을 날아가니까 브레이크를 밟거나 다른 비행기와 충돌할 일이 없다고 생각하기 때문일 거야. 그럼 비행기에서는 왜 안전띠를 매야 하는 걸까?

네가 놀이동산에서 엄청 재미있어했던, 높은 곳까지 올라가서 수직으로 낙하하는 놀이 기구 생각나니? 아빠가 위험하다며 타지 말자고 하자, 네가 "무서워서 안 타는 거 아님?" 하고 대꾸했던 그 놀이 기구 말이야. (다시 말하지만 아빠는 절대로 무서워서 못 탄 게 아니라, 그런 기구는 이제 질려서…… 안 탄 거니까 더 이상 의심하지 말았으면 좋겠구나.)

자, 그럼 놀이 기구를 타고 정상까지 올라갔다고 상상해 보자. 그런데 정상에 도달해서 손을 흔들며 소리를 지르는 순간, '슈욱~' 하고 갑자기 아래로 떨어지는데, 만일 누군가 안전띠를 매지 않았다면 어떻게 될까? 그래, 네가 상상하는 것처럼 '공중 부양'을 하게 되겠지. 친구들은 안전띠로 보호를 받으며 기구를 타고 즐기는데, 그 친구만 홀로 날아서(?!) 쭉 내려가게 될 거야.

최악의 상황으로 비유를 했지만, 이와 비슷한 상황이 비행기에서도 일어날 수가 있어. 하늘을 가로지르던 비행기가 갑작스럽게 난기류를 만나면 자신의 의지와 상관없이 언제든지 공중 부양을 할 수 있거든.

비행기에서 어떻게 공중 부양이 가능하냐고? 비행기가 난기류를 통과할 때 아래쪽으로 강하게 부는 하강 기류를 만나면 잘 날아가던 비행기가 갑자기 밑으로 확 떨어지게 되는 경우가 있어. 이럴 때 안전띠를 매지 않은 사람은 어떻게 될까? 사람은 가만히 있는데, 비행기가 아래쪽으로 급격하게 내려가니까 공중에 '붕~' 뜨게 되겠지? 결국 자연스럽게 공중 부양을 하게 되는 거야.

사실 대부분은 이런 공중 부양의 강도가 약한 편이야. 그저 엘리베이터를 타고 내려오는 느낌에서 그치기도 하고, 자동차를 타고 내리막을 내

려가는 기분에서 끝나지. 그렇기 때문에 놀이 기구를 좋아하는 친구들은 살짝 재미있다고 생각할 수도 있어.

그런데 이보다 심한 경우에는 문제가 생길 수 있어. 앞에서 상상했던 끔찍한 생각이 현실에서 벌어지는 거야. 안전띠를 매지 않은 상태에서 심한 난기류를 만나면, 어림잡아 이 미터 이상을 날아 천장에 머리를 부딪힌 뒤 떨어지게 될 수도 있거든. 이때 떨어지면서 의자나 옆사람 혹은 다른 물건에 부딪혀 큰 부상을 입게 되지. 그래서 웬만하면 비행기 운항 중에는 안전띠를 매라고 하는 거야.

사실 난기류가 진짜로 무서운 이유는 사람들 눈에 전혀 보이지도 않고, 느껴지지도 않는다는 거야. 심지어는 레이더에도 나타나지 않다가, 갑자기 예고 없이 찾아와 비행기를 순간적으로 심한 요동에 빠뜨리지. 예측할 수 없어서 미리 준비할 수 없으니 안전띠를 꼭 매는 수밖에. 이제 왜 비행기 안전띠가 중요한지 알겠지?

얼마 전에 뉴욕에서 인천으로 오던 A380 비행기가 갑자기 난기류를 만나서 승객과 승무원이 다치는 사고가 발생했어. 심지어 난기류를 만날 것으로 예상해서 승객들에게 안전띠를 착용하라는 신호를 준 상태였는데, 신호를 무시한 승객이 결국 부상을 당하고 만 거야. 게다가 안전띠 착용 상태를 확인하던 승무원마저 부상을 당하고 말았지.

몇 해 전에 아빠도 호주 멜버른에서 인천으로 오던 중에 난기류를 만난 적이 있었어. 마침 근무 교대를 위해 조종석에서 일어나 잠시 서 있었는데, 그 순간 비행기가 난기류에 진입한 거야. 그러자 비행기가 갑작스럽게 급강하를 했고, 조종실에 서 있던 아빠는 '부웅~' 하고 공중 부양을 하게 되었지. 그나마 운동 신경이 발달한(?) 덕분에 바로 옆에 있던 기장석에 매달려서 무사할 수 있었지만 자칫하면 크게 다칠 뻔했단다.

승객들에게 안전띠를 매라고 하면 움직이지도 못할 정도로 꽉 매는 건 줄 알고 몹시 불편해하는 것 같더구나. 사실 비행기의 안전띠는 꽉 맬 필요가 없어. 너무 느슨하지만 않게, 불편하지 않을 정도로만 매면 돼. 만일 담요를 덮고 잠이 든다면 승무원들이 쉽게 확인할 수 있도록 담요 위로 보이게 매 주는 센스를 발휘하면 더할 나위 없이 좋겠지.

이 정도 준비성만 있으면 비행기가 갑작스럽게 난기류에 진입하더라도 놀이 기구 타듯 여유를 부리며 비행을 즐길 수 있을 거야. 친구들에게 이 정도만 말해 줘도 '와~' 할 것 같은데? 네 생각은 어떻니?

마지막으로 이건 우리끼리 하는 얘긴데, 집에서 엄마 말은 잘 안 듣더라도 기내에서 승무원 누나들 말을 잘 들으면 안전하고 편안한 여행이 보장된다는 사실을 친구들에게 덧붙여 주면 좋을 것 같구나!

눈이 오나 비가 오나, 비행기 생각

날씨 : 눈이 펑펑!

비행 일정 : 인천 ⋯→ 미국 뉴욕

혹시 '폭탄 돌리기'라는 말 들어 본 적 있니? 이 말은 원래 컴퓨터 무상 수리 기간 중에 교체한 불량 부품이 돌고 돌다가 누군가의 컴퓨터에 섞여 들어가 피해를 보게 된다는 컴퓨터 용어에서 시작되었어. 지금은 구성원 중 누군가 반드시 좋지 않은 일을 겪는다는 의미로 곳곳에서 널리 쓰이고 있지만.

파일럿 사이에서도 이런 말을 가끔 사용하는데, 주로 날씨가 아주 좋지 않은 날 비행을 하는 경우에 쓰곤 해. 아빠는 지금까지 운 좋게도 폭탄을 잘 피해 다녔는데, 오늘이 바로 폭탄을 떠안은 날일 줄이야!

인천에서 뉴욕까지 걸리는 비행시간은 대략 13시간 정도. 인천에서 출발해서 8시간이 지날 때까지는 모든 게 아무 문제 없는 듯했지.

그런데 갑자기 뉴욕의 날씨가 조금씩 나빠진다는 이야기가 들리더니, 아빠가 조종하는 비행기가 뉴욕 상공에 도달했을 때는 착륙이 어려울 정도로 눈이 펑펑 쏟아지는 거야. 우리보다 앞서 도착한 비행기들이 공중을 빙빙 돌며 착륙 순서를 기다리고 있었고, 비행장 곳곳에 많은 눈이 쌓이는 통에 이미 통행 제한을 받고 있었어.

오늘처럼 13시간이나 비행했는데 바로 착륙하지 못하고 공중에서 기다리는 일은 이만저만 피곤한 일이 아니야. 그래도 이 정도로 나쁘다고 말하기에는 좀 이르지. 진정으로 최악인 상황은 공중에서 착륙 순서를 한참 동안 기다렸는데, 끝내 착륙하지 못하고 예비 공항으로 가는 경우야.

이때는 예비 공항까지 가서 원래 가려고 했던 공항의 상황이 좋아질 때까지 무작정 기다리다가, 날씨가 좋아지면 다시 비행해야 하니까 승객에게도 파일럿에게도 최악의 경우지. 이런 경우라면 아예 핵폭탄이 터졌다고 하는 게 맞을 거야.

어쨌든 다행스럽게도 뉴욕 공항에 내릴 수는 있었어. 예정보다 한 시간 늦게 뉴욕 공항에 착륙했는데, 수북하게 쌓인 눈 때문에 거북이걸음으로 이동해야 해서 해당 게이트에 도착하는 데만도 40분이나 걸렸지. 승객들이 내리기 시작하자 하루가 길어도 너무 길다 싶은 생각이 들었어. 오늘같이 장시간 비행 뒤에 날씨마저 좋지 않은 상태에서 착륙을 하면 승객이야 안도감이 들겠지만, 파일럿은 밀려오는 피로를 꾹꾹 눌러 참으며 다시 한 번 온 신경을 집중해서 비행기를 이동시켜야 하거든.

특히나 오늘같이 눈이 오거나 비가 오는 경우에는 더욱더 그래. 많은

사람들이 지상에서 비행기를 조종하는 게 '차 운전하듯 하면 되는 것 아닐까?'라고 생각하겠지만, 뉴욕 공항처럼 엄청난 규모의 공항에서 한쪽 구석에 있는 게이트를 찾아가기란 솔직히 쉽지가 않아. 날씨가 맑은 날에도 복잡하고 낯선 공항에서 지정된 자리를 요리조리 찾아가려면 학을 떼는데, 날씨마저 좋지 않은 날 밤이라면 두말할 필요가 없지.

세계에서 제일 큰 공항은 미국 시카고의 오헤어 공항이야. 면적이 942만 6천 평(약 31km²)으로 여의도 면적의 10.5배나 되는 엄청난 규모지. 인천 공항이 19km², 김포 공항이 8km² 정도라고 하니, 시카고 공항의 크기가 어느 정도인지 짐작이 가지? 이처럼 큰 공항에서는 많은 비행기가 이리저리 이동하기 때문에 사고의 가능성이 매우 높은 편이야. 그래서 조종실에서는 바짝 긴장할 수밖에 없지.

1977년 3월 27일, 아프리카의 대서양 쪽에 있는 카나리아 제도의 테네리페 섬에서 네덜란드 KLM의 항공기와 미국 팬암의 B747 항공기가 공항 활주로에서 충돌하는 사고가 발생했어. 이 사고로 팬암 승객 335명 전원, KLM 승객 248명 등 총 583명이 사망했지.

짙은 안개와 관제사의 실수가 겹치는 바람에, 두 항공기가 활주로에서 서로를 발견하지 못한 채 정면충돌한 거야. 항공 사고 역사상 최악의 인명 피해가 발생했는데, 공중도 아니고 지상에서 충돌한 사고였기에 더 기가 막히고 어이가 없는 일이었지. 이제 왜 파일럿들이 지상 이동 중에 긴장을 늦추지 못하고 집중해야 하는지 이해가 되니?

눈이 오는 날 비행을 마치고 나니, 공항에서 일하는 사람들이나 파일럿들은 눈 오는 걸 반기지 않는 몇몇 사람들 중의 하나겠다는 생각이 들었어. 스키장에 가는 사람들이나 벙어리장갑을 만들어 파는 사람들은 눈 오는 날이 더없이 좋을 텐데 말이야.

솔직히 눈과 비행기는 물과 기름같이 결코 어울릴 수 없는 사이야. 너희 남매가 싸우고 나서 서로 째려보는 상황을 떠올리면 눈과 비행기의 관계가 쉽게 이해될 거야. 물론 비행기와 눈이 사이가 좋지 않은 데에는 너희 남매 사이의 다툼과는 달리 충분한 이유가 있지만.

수백 톤이나 되는 비행기가 날 수 있는 건 날개에서 양력이란 힘이 발생하기 때문이야. 그런데 양력은 비행기의 날개가 매끈한 상태여야만 날아다닐 수 있을 만큼 충분한 양이 발생하게 돼. 만약 날개 윗면에 눈이나 얼음이 쌓여 날개 표면이 울퉁불퉁하게 거칠어진다면 충분한 양의 양력이 발생하지 않는 것이지. 충분한 양의 양력을 만들지 못한다는 말은 무슨 뜻일까? 바로 비행기가 날 수 없다는 의미야.

실제로 1982년 1월 13일, 미국 워싱턴 DC의 내셔널 공항(현재 레이건 공항)에서 승객과 승무원 79명을 태운 에어 플로리다 항공기가 눈이 오는 날 비행을 했어. 그런데 미처 날개 위의 눈을 제대로 제거하지 않고 이륙을 시도한 거야. 결국 이륙하던 비행기는 충분한 양의 양력을 얻지 못해서 고도를 높이지 못하는 바람에 인근 포토맥 강의 다리를 들이박고 추락하는 사고로 이어졌어.

이때까지만 해도 날개 위에 쌓인 눈이 얼마나 무서운지 모르고 비행을 하던 시절이었거든. 그래서 눈 오는 날이면 종종 비행기가 추락하는 의문의 사고가 일어나곤 했어. 나중에 그 사고의 원인이 눈이란 사실을 알게 되었고, 이때부터 비행기에 쌓인 눈을 철저하게 제거하기 시작했지.

눈 오는 날이면 비행기의 이륙과 착륙이 왜 자꾸 지연되는지 이해가 되지? 비행기에 쌓인 눈을 치우는 데 한 대당 대략 30분 정도가 걸리기 때문이야. 그래서 이륙할 비행기가 많을 경우에는 오랫동안 기다려야 하지. 반드시 지켜야 할 절차이므로 어떠한 예외도 적용될 수 없어.

그런데 비행기에 쌓은 눈은 어떻게 치울까? 사람이 비행기 날개에 올라가서 삽이나 빗자루로 쓸어 내는 걸까? 뭐, 조그만 경비행기 같으면 사람이 직접 제거할 수도 있겠지.

그렇지만 비행기 동체와 날개 모두 알루미늄 재질로 만드는지라 미끄러워서 사람이 올라가서 직접 치우기는 힘들어. 게다가 몇백 명씩 타는 큰 비행기는 사람이 일일이 손으로 다 치울 수가 없는 크기지. 그래서 개발된 게 물을 뿌려서 얼음을 녹이고 쌓인 눈을 씻어 내는 방법이야. 소방차가 물을 뿌려 불을 끄는 것과 비슷하다고 할까? 저장 탱크에 따뜻한 물과 특수 용액을 섞어 실은 차량이 소방 호스로 비행기 구석구석 샤워를 시키면 눈과 얼음이 말끔히 제거가 되지. 그럼 출발 준비 끝!

물론 비행기에 쌓인 눈만 제거한다고 모든 문제가 해결되지는 않아. 활주로에 쌓인 눈도 치워야 하거든. 활주로에 쌓인 눈을 치우지 않으면 비행기가 미끄러지기 때문에 매우 위험해. 그래서 공항에는 눈을 치우기 위한 여러 제설 장비를 준비해 놓고, 눈이 내리면 바로바로 치우는 거지.

나는
눈이 싫어!
헤헤,
나는 좋은데~.

하지만 치우는 눈보다 내리는 눈이 많으면 오늘 뉴욕 공항에서처럼 활주로가 일시적으로 사용할 수 없게 되기도 하고, 심하면 아예 공항이 폐쇄되기도 해. 이럴 경우에는 그저 눈이 그치기를 기다리는 수밖에 없지.

예상치 못한 기상 이변으로 참 기나긴 하루였어. 아빠는 지금 숙소에

여기서 잠깐!

승객을 먼저 태우고 비행기에 쌓인 눈을 치우는 이유

눈이 많이 내리면 공항이 폐쇄되는 이유가 무엇일까? 눈 오는 날, 자동차에 스노우 타이어를 갈아 끼우듯 비행기 타이어도 갈아 끼우면 되지 않을까? 사실 비행기에는 스노우 타이어가 소용이 없다. 자동차도 시속 30km 이상으로 속력을 내면 효과가 없는데, 이보다 한참 더 빠른 비행기에는 아예 소용이 없기 때문이다. 결국 활주로에 쌓인 눈을 치워야만 하는 것. 이런 이유로 눈이 자주 내리는 북유럽에서는 활주로에 열선을 깔기도 한다.

공항에 눈에 내리면 대기 중인 비행기에도 눈이 쌓이게 된다. 이를 제거하는 작업을 디아이싱(de-icing)이라고 부른다. 가열한 제빙액을 호스로 날개와 주요 부분에 뿌려서 얼음을 녹인 뒤 제거하는데, 디아이싱 작업은 주로 승객을 모두 태운 뒤에 진행한다. 어떤 경우는 주기장을 나와 활주로 바로 옆에서 작업을 진행하기도 한다. 이유는 쌓인 눈을 제거하고 나서 승객을 태우면 그 시간 동안 비행기에 눈이 또 쌓일 수 있으므로, 제거 작업이 끝나자마자 바로 이륙하기 위해서이다.

디아이싱 작업을 하는 모습

서 휴식을 취하고 있지만, 아빠가 몰고 온 비행기는 지금쯤 새로운 손님을 태우고 또 어딘가로 날고 있을 거라 생각하니 마음이 짠해. 아무리 기계라고는 해도 같이 고생했는데, 나 혼자 따뜻한 숙소에서 쉬려니 미안한 마음이 드는 건 어쩔 수 없나 봐.

비행기를 친구 삼아 살아온 삼십 년, 비행기는 아빠에게 있어서 더 이상 기계가 아니라 인생의 동반자라고 할 수 있어. 엄마와 보낸 시간보다도 많으니, 너희가 말하는 '베프'가 바로 아빠에게는 비행기라고 할 수 있을 거야. 그러다 보니 종종 미안한 마음이 들지.

'녀석, 어느 하늘을 날든지 간에 오늘도 무사히!' 하고 마음속으로 인사를 건네며 잠을 청해야겠어.

비행기에게 천적이 있다고?

날씨 : 구름 약간

비행 일정 : 러시아 상트페테르부르크 ⋯➝ 인천

드디어 내일 집에 갈 수 있게 되었어! 응? 외국에서 푹 쉬었으면서 누가 귀국을 못 하게 막은 것처럼 얘기한다고? 엊그제만 해도 걱정을 하던 구리 네가 그렇게 얘기하다니, 갑자기 배신감이 느껴지는걸.

너도 알겠지만, 아빠는 5박 6일의 비행 일정으로 러시아의 상트페테르부르크로 왔어. 그런데 아빠가 러시아에 도착한 다음 날, 아이슬란드에서 화산이 폭발했지 뭐야. 그래서 오늘로 12일째 발이 묶여 있으니, 하늘을 날아야 할 파일럿으로서 얼마나 답답하겠니?

물론 아빠도 처음 겪는 사건인지라 화산 폭발 소식을 들었을 때는 실제로 이런 일이 생기기도 하는구나, 하고 조금은 재미있게 여기기도 했어. 더 솔직히는 아이슬란드가 내가 도착한 곳에서 상당히 먼 거리에 있어서 별 영향이 없을 거라고 생각하며 강 건너 불구경하듯 남의 일같이 생각했지. 그런데 이게 웬걸! 불똥이 우리한테까지 떨어진 것도 모자라, '앗 뜨거!' 하는 상황으로 발전했어. 화산 폭발이 있은 후 단 하루 만에, 분출된 화산재가 제트 기류를 타고 유럽의 하늘길을 꽉 막아 버린 거야.

하루 평균 약 이만 팔천 편이 오가던 영국·아일랜드·벨기에·네덜란드·노르웨이·스웨덴·핀란드·덴마크 등 8개국의 항공기 운항이 전면 중단되었고, 영공을 폐쇄한 국가도 총 20여 개국에 달했다고 해. 2000년에 벌어졌던 9·11 테러 이후 최악의 항공 대란이라는 말까지 나오고 있지.

이렇게 유럽의 모든 항로가 폐쇄되어 오도 가도 못한 채 꼼짝없이 러시아에 갇히게 된 거야. 게다가 화산재로 하늘이 덮여 있어서 외출도 자유롭지 못하고……, 그런 까닭에 이 주일 정도를 숙소에서만 보냈지 뭐야.

그 덕분에 후배 파일럿이나 승무원들과 친해졌으니 결과적으로 그렇게 나쁜 비행인 것만은 아니었어. 아침에 일어나서 밥 먹고, 인터넷으로 뉴스 검색하고, 차 한 잔 마시면 점심 식사, 이어서 저녁까지. 십여 일을 지루하게 보내다가, 막상 집으로 돌아갈 수 있다는 소식을 들으니, 그 지루하던 시간이 갑자기 막 소중해지더구나. 어쨌든 오랜만에 집에 가는 거니까 너희에게 줄 조그만 선물을 사려고 오늘은 나름 바쁘게 보냈어.

텔레비전에서는 이번 화산 폭발로 인한 경제적 손실과 불편함을 겪는 사람들의 이야기로 가득했지만, 열흘이 넘는 시간 동안 우리가 할 수 있는 일은 아무것도 없었어. 하염없이 하늘만 바라보는 승객처럼 우리 승무원들 역시 하늘이 깨끗해지기만을 기다리는 수밖에 없었지. 이렇게 무작정 기다리는 게 항공사 입장에서는 상당히 손해를 볼 일인데, 왜 무리를 하지 않고 기다리기만 하는 걸까?

머릿속으로 상상만 하면 사실 비행기가 뜨지 못할 이유도 없어. 제트비행기로 속력을 올려서 화산재를 피해 휙 지나가 버리면 그만이니까. 하지만 세상의 모든 비행기가 뜨지 못하고 시간을 보내며 기다리는 데는 다 이유가 있어.

비행기의 천적이 바로 '화산재'이기 때문이야. 화산이 폭발하면서 분출되는 연기 속에는 화산재가 포함되어 있어. 그런데 이 화산재가 최첨단 과학의 산물인 비행기를 한순간에 그저 무기력한 쇳덩어리로 만들어 버리거든.

잘 이해가 되지 않는다고? 그럼 네가 불장난할 때를 생각해 볼까? 구리 네가 아빠 몰래 라이터로 나무에 불을 붙이며 재미있게 불장난을 치고 있었어. 그런데 갑자기 바람의 방향이 바뀌면서 연기가 네 쪽을 확 덮친 거야. 눈이 매워서 눈물은 주르르 흐르고, 재채기는 계속 나고, 열기는 느껴지고……. 어때? 정신이 쏙 빠지겠지? 근데 너무 자세하게 알고 있는 거 아니냐고? (뭐, 아빠도 여러 번 해 봤으니까……)

화산재도 마찬가지야. 화산재는 다량의 수분과 각종 가스, 아주 고운 모래 가루, 먼지같이 미세한 유리 조각으로 구성되어 있는데, 흡착력이 강해서 비행기가 지나가면 마치 자석에 쇳가루가 붙듯 비행기에 달라붙게 돼. 마치 비행기가 화산재로 코팅을 하는 모양새가 되는 거지.

그러면 속도계나 고도계 같은 비행계기들이 작동되지 않아 무용지물이 되고, 통신 장애까지 일으켜 비행기는 장님이 되어 버리고 말아. 게다가 고운 화산재가 엔진에 들어가면 엔진에서 발산되는 1,100~1,400도의 고온에 유리 가루 등의 성분이 녹아서 연료가 분사되는 구멍을 막게 되지. 그러면 엔진의 성능이 급격히 떨어지거나 파손되어 멈추게 돼.

이런 현상은 몇 해 전에 화산재를 통과하던 B747 점보제트기에서 두 번이나 실제로 발생했어. 화산 연기에 진입한 점보제트기의 엔진 네 개가 모두 정지하는 데 채 60초도 걸리지 않았거든. 엔진이 정지된 여객기는 비상 강하를 하던 도중 엔진 재시동에 성공해서 가까스로 가까운 공항에 무사히 착륙을 했지만, 비행기 수리에 엄청난 비용이 들었다고 해.

왜 항공사가 손해를 감수하면서까지 비행기 운항을 하지 않는지 이해가 되지? 누가 화산 폭발로 이산가족이 될 수도 있다고 하더니만, 아빠는 이번에 정말 새로운 경험을 했어. 한동안 속옷을 손으로 빠느라 정말 지겨웠는데, 이제 집에 간다고 생각하니 무척 즐거운걸!

여기서 잠깐!

위기일발, 화산재에 당했어요!

화산 폭발은 매년 발생하고 있고, 최근 들어 그 횟수가 조금씩 증가하는 추세다. 그러다 보니 미처 대비하지 못한 순간 비행기가 화산재에 진입하는 사고도 종종 발생한다. 지금까지 어떤 사고가 있었을까?

• 스피드버드 나인(SPEEDBIRD 9) 사고

1982년 6월 24일, 브리티시 항공 소속 보잉747 기종의 '플라이트 9'은 승무원 15명, 승객 248명 등 총 263명을 태우고 말레이시아 쿠알라룸푸르에서 호주의 퍼스로 비행 중이었다. 그런데 인도네시아 자바 섬에 있는 갈룽궁 산(Mt. Galunggung)에서 분출된 화산재가 포함된 구름 속을 비행하다가 결국 네 개의 엔진이 모두 정지하는 사고가 발생한다. 항공기는 고도 약 11,000m에서 3,700m까지 엔진이 꺼진 채 무동력 글라이딩으로 강하했는데, 화산재가 없는 바다 쪽으로 항로를 변경해서 화산재에서 벗어나자 다행히 엔진이 재시동되었다. 곧 한 개 엔진이 다시 정지했지만, 나머지 세 개의 엔진으로 자카르타 공항에 무사히 착륙했다.

• 네덜란드 항공 사고

1989년 12월 15일, 네덜란드 항공 소속 보잉747 기종의 'KLM 867'은 승무원 14명, 승객 231명을 태우고 네덜란드 암스테르담의 스키폴 공항에서 이륙했다. 그런데 순항 고도 약 8,500m로 비행하던 중 알래스카 앵커리지의 리다웃 화산(Redoubt Volcano)에서 분출된 화산재에 진입하게 된다. 화산재에 진입한 후, 역시 엔진 네 개가 모두 정지했는데, 약 4,300m까지 강하하고서야 엔진이 재시동되어 앵커리지 공항에 무사히 착륙했다.

어머, 애들이 달라요!

날씨 : 맑음
비행 일정 : 러시아 상트페테르부르크 ⋯→ 인천

시곗바늘이 어느새 밤 10시를 가리키고 있어. 보통 이 시각이면 깜깜한 밤이어야 하는데, 지금 아빠가 있는 곳은 대낮처럼 밝기만 해. 밤인데 왜 환하냐고?

어리둥절하겠지만 지금 아빠가 있는 곳은 밤 10시에도 거짓말같이 환한 해가 비치고 있어. 관광객들을 깜짝 놀라게 하는 '하얀 밤', 바로 '백야'의 현장에서 나, 한 기장이 특파원이 되어 신기한 광경을 너에게 생생하게 전해 주고 있는 중이야.

아빠가 지금 머물고 있는 곳은 러시아의 상트페테르부르크야. 옛날 러시아의 수도였던 이 도시는 1700년 초, 강 하류의 늪지대에 나무 기둥을 박아 땅을 단단히 만들고, 그 위에 건물을 지어 현재와 같은 큰 도시가 되었다고 해. 상트페테르부르크는 아빠가 비행하며 들르는 도시 중에서 가장 좋아하는 곳 중 하나란다. 무엇보다 역사적인 여러 건축물과 볼거리가 많기 때문이지.

그중에서도 특히 세계 3대 박물관 중 하나인 '에르미타쥬 박물관'은 한 번쯤 꼭 가 볼 만한 곳이야. 이곳에 전시된 작품을 하나에 일 분씩만 본다 해도 몇 년이 걸릴 정도라고 하니, 소장품의 숫자가 정말 어마어마한 거지. 그래서 아빠는 상트페테르부르크에 올 때마다 짬을 내서 박물관에 들르곤 해.

오늘도 어렵게 시간을 내서 박물관으로 향했어. 그런데 나름 충격적인 일을 겪게 되었지. 별일 아닌 걸로 또 호들갑 떠는 거 아니냐고? 호들갑이라기보다는 날이 밝아서 잠이 잘 안 오기에 편지를 쓰는 거라고 치자꾸나.

오전에 숙소에서 나와 박물관으로 향하는데, 박물관으로 가는 길목에 아이들이 바글바글했어. 등굣길인가 보다, 생각하며 길을 가는데, 아뿔싸! 박물관에 도착할 때까지 녀석들의 무리가 줄어들지 않는 거야. '가는 날이 장날이라더니, 녀석들과 함께 관람해야 하는 건가?' 하는 생각이 들어서 조용한 관람은 포기를 했어. 10시간 넘게 비행하면서, 박물관에 들를 수 있다는 생각에 한참을 설레었는데…….

박물관 앞 광장에 도착하고 보니 현장 학습이 있는지 초등학교 4~5학년 정도 되는 아이들이 광장은 물론이고 박물관 안에서까지 난리를 치고 있었어. 뛰어다니면서 떠들고, 여학생을 괴롭히고 도망가고, 또다시 쫓아

가고, 이런 모습이 영락없이 우리 초등학교 학생들과 똑같더구나.

불현듯 '경주 박물관 습격 사건'이 떠올랐어. 수학여행을 온 아이들이 박물관의 대기실과 전시실 구분 없이 술래잡기를 하듯 뛰어다니고, 심지어 문화재에 껌까지 붙여 놓던, 할리우드 영화 〈박물관은 살아 있다〉의 실제 버전이 눈앞에서 펼쳐졌던 날 말이야. 도저히 참을 수 없어서, 결국 아빠가 인솔 교사와 박물관 관리자에게 항의까지 했잖아.

갑자기 그날이 떠오르면서 관람을 포기하고 다시 숙소로 돌아갈까, 고민이 되었어. 하지만 아침부터 서둘러 나온 게 아쉬워서 학생들보다 발걸음을 빨리해서 서로 마주치지 말아야겠다는 생각을 했지. 그래서 빠른 걸음으로 이동을 한 뒤, 조용하고 한가하게 작품을 감상하기 시작했어.

그렇게 한두 시간이 지났을까? 고흐의 작품이 전시되어 있는 방에 도착했는데, '허걱!' 아침에 만났던 녀석들 무리가 거기에 떡하니 자리 잡

여기서 잠깐!

비행이 즐거워지는 방법

• 가스 배출을 줄이는 법

청소년이므로 당연히 비행 중에 술을 마시지는 않겠지만, (그러리라 믿는다!) 가족이나 친지가 과음을 할 경우가 있다. 비행 중에 과음을 하게 되면 무엇보다도 신체 리듬이 완전히 깨져서 여행 기간 내내 피로감에서 벗어나지 못하는 경우가 많다. 시차 적응에 시달리는 몸이 술 때문에 두 배로 피곤해지기 때문이다. 혹시 부모님이 술을 먹겠다고 하면 점잖게 말려 보는 것도 좋겠다.

탄산음료를 많이 마시는 것도 피해야 할 행동 중의 하나이다. 가스 방출(바꾸어 말하면 방귀)이야 자연스런 일이긴 하지만, 평소보다 기압이 낮은 관계로 가스를 자주 배출하게 되는 만큼 자제하도록 하자. 공짜라고 무한정 마시다가는 옆사람의 눈총 또한 공짜로 무한정 받게 될 수 있으니까.

• 피부를 촉촉하게 유지하는 법

비행기 내부의 습도는 15% 내외로 상당히 건조한 편이다. 따라서 비행 중에는 자연스럽게 몸 안의 수분이 증발해서 피부, 눈, 또는 코의 점막이 건조해지므로 불편함을 느낄 수 있다. 따라서 생수나 주스 등 음료를 자주 마셔서 수분을 보충해 주는 것이 좋다. 커피나 홍차를 마시면 오히려 몸의 수분이 더 줄어들 수 있으므로 많은 양을 마시지 않는 것이 좋다. 또한 렌즈보다는 안경을 착용하는 게 눈의 건조증이나 염증을 예방할 수 있다. 가능하면 로션을 발라 피부가 건조해지지 않도록 하고, 기내에서 제공하는 워터 스프레이 등을 자주 뿌려 주는 게 좋다. 기내에는 워터 스프레이뿐만 아니라 치실, 면도기, 안대, 귀마개, 생리대 등 생활 위생 용품이 항시 비치되어 있으니 필요할 때면 승무원에게 도움을 요청하도록 하자.

아까부터 보이던데.
이상한 아저씨야.

고 있는 게 아니겠니? 아빠와 반대 방향으로 돌다가 고흐의 방에서 딱 마주치게 된 모양이었어. 녀석들을 노려보며 '원수는 외나무다리에서 만나……'까지 생각했는데, 이게 웬걸? 전시실 밖에서 본 녀석들이 분명한데, 아까와는 전혀 딴판이지 뭐야.

장난치고 떠들고 바닥에 뒹굴던 모습은 어디론가 사라지고, 모두들 점잖고 예의 바르게 행동하고 있었지. 바닥에 주저앉아 선생님의 설명을 듣는 모습이 의젓해 보이기까지 하더구나. 게다가 선생님의 설명이 끝나고 미리 준비해 온 스케치북을 꺼내 색칠을 하는데, 얼마나 집중을 하던지 숨소리만 들리더구나. 아침부터 근거 없이 녀석들을 의심하고 경계했던 나 자신이 조금 부끄러워지는 순간이었어.

박물관이나 미술관이 교육적으로 가치가 있다는 건, 소장품에서 얻을 수 있는 지식이나 창의력뿐 아니라 문화를 감상할 줄 아는 여유와 교양을 지닐 수 있게 만들어 주기 때문이라는 게 아빠의 평소 생각이야.

오늘 아빠가 박물관에서 만난 러시아 아이들의 성숙한 관람 태도는—그 아이들이 우리나라 아이들보다 잘나서가 아니라—너희가 수학 문제풀이나 영어 단어 외우기에 목을 매는 동안, 러시아 아이들은 박물관이나 공연장에서 문화를 체험하는 게 생활화되었기 때문이라는 생각이 들었어. 슬쩍 부러운 마음이 들더구나. 그와 동시에 어릴 때부터 공부에 쫓기는 너희 남매를 비롯한 우리나라 아이들에 대한 안쓰러운 마음이 차올랐지.

구리야, 공부라는 건 지식을 쌓는 게 다가 아니라는 생각이 들어. 좋은 책을 읽고, 멋진 그림을 보며 감동할 줄 알고, 공공장소에서는 예의를 지키고, 남을 배려할 줄 아는, 이 모든 것이 '공부'라는 사실을 잊지 않았으면 좋겠구나.

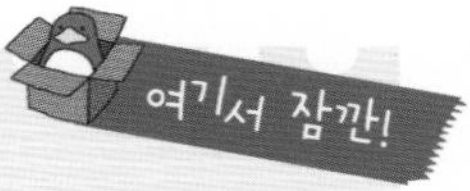

'비행 공포증' 극복하기

비행기를 탔을 때 무서움이나 답답함을 느끼는 사람이 있다. 증상에 따라 고소 공포증이나 폐소 공포증으로 구분하기도 하는데, 이를 통틀어서 '비행 공포증'이라고 한다. 비행 공포증의 대표적인 증상은 가슴이 답답하고 심장 박동이 빨라지며 호흡에 곤란을 느끼는 것인데, 심할 경우에 어지러움을 느끼다가 쓰러지기도 한다. 이런 증상은 남녀노소에 관계없이 누구에게나 나타날 수 있으므로 전혀 창피한 일이 아니다. 또 이런 증상은 반드시 비행기를 탔을 때만 나타나는 게 아니라, 비행기 탑승을 기다리는 시간에 나타나기도 한다.

비행 공포증의 원인은 심리적인 부분이 가장 크다. 따라서 어린이나 청소년의 경우, 보호자에게 의지하여 다른 생각을 떠올리도록 노력하면 증상을 한결 완화시킬 수 있다. 특히 비행기는 사람이 만든 기계 중에서 가장 안전한 탈것이므로, 사고가 일어날 확률이 매우 희박하다는 사실을 믿는 것도 중요하다.

비행 공포증을 예방하기 위해서는 비행이 있는 날, 시간에 여유를 두고 공항에 도착해서 천천히 비행 준비를 하는 것이 좋다. 또한 비행기를 타기 전이나 타고 나서, 술이나 커피 같은 자극적인 음료수보다는 생수를 마시도록 하자. 만약 답답함이 느껴지면 복식 호흡을 깊게 몇 번 하면서 마음을 차분하게 가라앉히면 큰 도움이 된다. 그리고 일행이나 옆사람과 자꾸 대화를 하면, 마음속에 있던 불안감이 분산되어 비행 공포증에서 쉽게 벗어날 수 있다.

사소한 행동이 심리적으로 큰 도움이 된다는 사실, 꼭 기억하도록 하자.

사람이 꽃보다 아름다워

날씨 : 맑음
비행 일정 : 태국 푸켓 ⋯→ 인천

태국 남부의 휴양지 푸켓을 출발해서 두 시간 정도 지난 현재 시간은 새벽 5시. 잠시 조종석을 벗어나 커튼 뒤 객실을 흘깃 바라보았는데, 갑자기 가슴이 뭉클해졌어. 대부분의 승객이 깊이 잠들어 있는 시각이라서, 아빠가 조종하는 비행기에 탑승한 할아버지와 할머니도 당연히 주무실 거라 생각하고 있었거든. 그런데 할머니가 그때까지 주무시고 않고 묵주기도를 드리고 있지 뭐야.

모두가 잠든 이 시각에 기도라니! 누구를 위한 기도인지 너도 짐작할 수 있지? 당신의 아들이 밤을 새워 비행을 하니까 맘 편히 주무실 수가 없었던 거지. 그 모습을 보고 있자니 눈시울이 뜨거워지더구나.

솔직히 구리, 네 할머니와 할아버지를 모시고 하는 비행인지라 신경이

더 쓰인 게 사실이야. 특별히 더 조종을 잘할 수 있는 건 아니지만 마음이 쓰이는 건 어쩔 수 없더라고.

경험이 풍부한 파일럿이라고 해도 가족을 승객으로 태우고 비행하는 일이 그다지 흔치 않다 보니 특별한 부담감이 생기는 것 같아. 평소에 할머니 할아버지를 모시고 가족이 모두 함께 비행기를 탄 적은 있어도, 이렇게 아빠가 조종하는 비행기에 두 분만 모신 적은 없었기 때문에 아빠에게도 매우 특별한 비행이었어.

여행을 좋아하시는 편이라 여러 번 비행기를 타셨던 할머니, 할아버지께서도 아들이 조종하는 비행기에 타시는 건 처음이었어. 그러다 보니 아빠만큼이나 두 분도 설렘과 기대감으로 여행 내내 사뭇 들떠 있으신 듯 보였어.

게다가 조금 민망하긴 한데, 당신의 아들이 수백 명이나 되는 승객의 생명을 책임지는 기장이라는 사실이 못내 자랑스럽고 뿌듯하신지 "우리 아들 장하구먼!"이란 말을 비행하는 내내 입에 달고 다니시지 뭐야. 부기장 아저씨도 있고 승무원 누나들도 지켜보는 데서 그러시니 기장의 권위가 여러 번 무너지는 듯했지. 그런데 뭐 어쩌겠니? 부모님이 좋아서 그러시는걸. 조금 쑥스럽긴 해도 부모의 마음이 이런 건가 보다, 생각하며 웃어 넘겼단다.

사실 아빠가 이번 여행을 추진한 이유는 이미지를 바꿔 보려고 야심차게 계획을 짰기 때문이야. 남들 몰래 '과묵하고 무뚝뚝한 아들'의 이미지에서 '친절하고 상냥한 아들'로 바꿔 보려는 계획이었지. 할머니가 입버릇처럼 하시는 말씀이 있어.

"사람이 마음속에 온 세상을 가지고 있다 해도, 말이 없고 행동으로 보이지 않으면 아무 소용이 없다."

이를 실천해 보기로 마음먹은 거야.

막상 실행에 옮겨서 007 영화에 소개된 제임스 본드 섬, 바다 한가운데 떠 있는 수상 마을, 쓰나미 피해를 입었다가 복구된 해안의 야경을 구경하고, 푸짐한 해산물로 식사를 하는 동안 아빠답지 않게(?) 수다를 많이 떨었지.

그랬더니 할머니께서 "우리 아들에게 다정하고 상냥함이 부족하다 생각했는데, 이제 보니 철이 든 것 같구나!"라고 하시더구나. 그동안 무뚝뚝한 모습만 보여 드려서 죄송스럽기도 하고 부끄럽기도 했어. 그렇지만 아빠의 계획은 어느 정도 성공한 것 같지 않니?

구리야, 할머니가 사물을 바라보는 시각이 독특하시다는 건 잘 알고 있지? 이번 태국 여행에서도 그 능력을 제대로 발휘하셨어. 아빠는 지금껏 태국까지 수십 번 넘게 비행하면서도 태국 글자를 별생각 없이 보아왔어. 어차피 읽을 수도 없으니 대수롭지 않게 생각했지. 그저 '개성 있는 문자네.'라고 생각하는 정도?

그런데 태국 글자를 처음 보신 할머니의 표현은 감탄 그 자체였어. 아빠가 태국 글자를 가리키며 먼저 아는 체를 했지.

"어머니, 저게 태국 글자인데, 우리 한글같이 세계에서 몇 안 되는 독특

한 고유 문자예요."

그러자 할머니께서 이렇게 대답하시더구나.

"마치 꽃밭에 피어 있는 꽃처럼 정말 예쁘구나. 이 나라 사람들은 꽃처럼 예쁜 것만 보고 사는 게지."

그 말씀을 듣고 태국 글자를 다시 보니, 정말로 아기자기하게 도란도란 핀 꽃밭 같아 보이는 게 아니겠니?

그 전에도 할아버지 할머니와 여러 곳을 여행하면서 신기하고 재미있는 경험을 많이 했지만, 이번 여행에서는 인생의 가르침을 얻은 것 같아 더욱 뿌듯했어. 진정한 자식 사랑이 무엇인가도 배운 것 같았고.

언젠가 아빠도 네 할아버지처럼 구리, 너의 보살핌을 받으며 여행할

날이 오겠지? 그때가 되면 너도 지금 아빠의 마음을 느낄 수 있을 거야. 미리 말해 두지만 나한테서 잠도 안 주무시며 아들을 위해 기도하시는

여기서 잠깐!

비행기에서 볼 수 있는 신기한 현상

비행기를 타고 여행하는 도중에 무지개를 본다면 엄청난 행운이 따른 것이다. 비행기에서 무지개를 보기 위해서는 여러 가지 까다로운 조건을 충족해야 하기 때문이다. 일단 비행기가 알래스카 벌판과 같은 구름 위를 날고 있거나, 혹은 구름이나 안개 속에 있어야 한다.

그리고 무지개는 태양의 반대편에 나타나므로, 태양이 비행기의 오른쪽이나 왼쪽, 또는 뒤쪽에 있어야 한다. 마지막으로 가장 중요한 건, 내가 앉은 자리가 무지개를 볼 수 있는 창가여야만 한다!

이렇게 까다로운 조건을 충족해서 볼 수 있는 무지개는 땅에서 볼 수 있는 무지개와 사뭇 다르다. 반달 모양이 아니라, 동그란 도넛 모양이기 때문이다. 어떤 사람들은 '원형 무지개'라고 부르기도 하는데, 이 무지개의 정확한 이름은 '브로켄(Brocken) 현상'이다.

브로켄이라는 이름은 이런 현상이 잘 일어나는 지역에서 따온 말이라고 하는데, 브로켄 현상이란 '구름이나 안개에 나타나는 그림자 주변에 무지개 색의 고리가 생겨나는 일종의 대기 현상'이라고 할 수 있다. 태양빛이 미세한 안개 입자 사이를 통과하면서 반사되고 굴절되어서, 둥근 고리 안쪽은 청색, 바깥쪽은 적색을 띠고 중앙에 반영된 그림자가 밝게 보이는 것이다.

파일럿들은 정면으로 큰 원형 무지개가 보이는 현상을 경험하기도 한다. 이런 얘기를 들으면 파일럿이 되고 싶지 않은지?

비행기에서 보이는 브로켄 현상. 원 안에 보이는 건 비행기의 그림자이다.

할머니의 모습을 기대하지는 말았으면 해. (물론 내 아들이니까, 너도 나한테서 그런 기대는 안 하겠지!)

아빠는 네 할아버지처럼 자리에 앉자마자 잠이 들 거야. 네 엄마 또한 잠에서만큼은 나한테 지지 않는다는 거 알고 있지? 네가 기대만 하지 않으면 실망할 일도 없을 테니, 이십 년 뒤 우리의 멋진 여행을 지금부터 슬슬 기약해 보자꾸나.

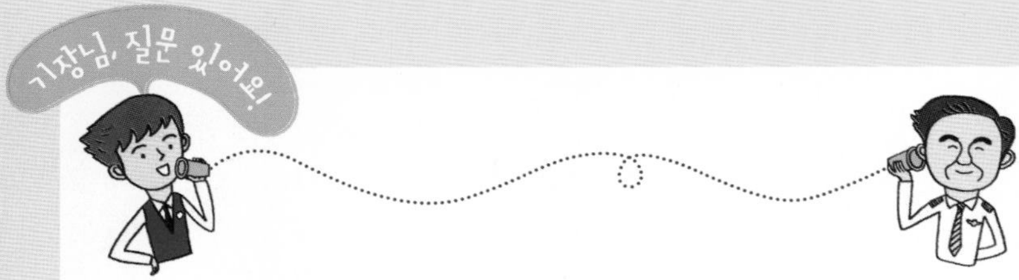

Q 직업으로서 파일럿의 가장 큰 장점은 무엇인가요?

A 많은 사람들이 알고 있듯이 안정적인 직업이라는 점이에요. 평상시에 체력을 관리하고 꾸준히 공부한다면, 정년까지 쉼 없이 일할 수 있는 직업이니까요. 하지만 무엇보다 좋은 점은 항상 기쁨에 넘치는 사람들을 만난다는 거예요. 승객들 대부분은 여행에 대한 설렘이나 만남에 대한 기대로 기분이 업(?)되어 있으니까요.

Q 파일럿으로 오랜 시간 일을 할 수 있는 기장님만의 비결이 있으신가요?

A 특별한 비결 같은 건 없어요. 체력이 달리지 않도록 평소에 충분한 휴식과 운동을 하는 게 다예요. 그래서 아저씨도 평소에 자전거를 타고 줄넘기를 하면서 체력 관리를 하고 있어요. 지나친 음주나 과식을 하지 않으려고도 노력하고요. 그리고 비행 전날이 되면 다음 날 입을 유니폼을 정성스럽게 준비해요. 승객들에게 깔끔한 인상을 주기 위해서이기도 하지만, 비행에 앞서 스스로 마음을 다잡기 위해서이기도 해요.

Q 파일럿으로서 보람을 느끼실 때는 언제인가요?

A 기대에 부푼 승객들이 무사히 목적지에 도착해서 비행기에서 빠져나갈 때, 그 뒷모습을 보면 보람이 느껴져요. '다 함께 무사히 도착했구나!' 하는 안도감과 함께요.

Q 기계치(?)도 파일럿이 되어서 여러 비행기를 조종할 수 있을까요?

A 기계에 대해 해박한 지식이 있다면 더 흥미로운 직업이 될 수는 있어요. 하지만 여러분이 타는 자전거를 직접 고칠 수 없다고 자전거를 탈 수 없는 건 아니에요. 게다가 자신의 자전거는 탈 수 있는데, 친구 자전거를 못 타는 경우는 없잖아요? 비행기 조종도 마찬가지예요. 비행의 원리를 이해하고 몸으로 경험하게 되면, 누구나 숙련된 파일럿이 될 수 있는 거예요.

A380의 조종실이에요. 이 많은 기계를 어떻게 다 다루냐고요? 익숙해지면 어렵지 않아요!

Q 마지막으로 파일럿이 되고자 하는 청소년들에게 당부하실 말씀은?

A '파일럿'이라는 직업을 겉모습만 보고 판단하는 사람들이 많아요. 물론 외국에 자주 나가고, 보수를 많이 받는 등 화려한 모습도 중요해요. 하지만 파일럿은 무엇보다도 승객들의 생명을 책임지는 무거운 의무감을 느끼는 자리라는 걸 명심해야 돼요. 의외로 좋은 조건만 보고 도전한 사람들은 체력적으로 정신적으로 힘든 시기에 쉽게 포기하게 되거든요.

부디 겉모습보다는 파일럿으로서의 자부심과 명예심을 더 큰 가치로 생각하고 도전했으면 좋겠어요. 파일럿이 되고자 하는 여러분, 선배 파일럿으로서 언제나 환영합니다!

나가는 말

여기는 조종실, 아들 나와라, 오버!

아빠는 지금 한반도를 뒤로하고, 일본 열도를 넘어 태평양 상공을 날고 있어. 지금 아빠 앞으로 보이는 거라곤 파란 하늘과 푸른 바다, 그리고 강렬하게 비치는 태양뿐이야. 이른 새벽부터 서둘러 비행 준비를 하느라 몸과 마음이 모두 분주했는데, 이제야 여유가 좀 느껴지는 것 같구나.

비행의 순간순간은 온 신경을 집중해야 하는 긴장의 연속이야. 그렇지만 오늘따라 유난히 잔잔한 기류를 타는 비행이 계속되다 보니, 아까 새벽녘에 봤던 네 모습이 문득 떠올랐어.

“아빠, 비행에 집중해야 할 때 대체 무슨 생각을 하고 있는 거야?”

네 잔소리가 귓가에 울리는 것 같지만, 지금만큼은 잠시 걱정을 내려놓아도 괜찮을 것 같아. 머릿속으로는 다른 생각을 하지만, 눈과 귀는 항상 비행에 집중하고 있으니까. 아빠가 이래 봬도 삼십 년 경력의 멀티 플레이어 파일럿이란 말이지.

오늘 새벽에 너에게 고맙다는 말을 하려고 했는데, "더 자지 뭐하러 일어났어?"라며 핀잔만 주었지 뭐야. 하지만 그건 아빠의 본심이 아니었어. 마음속으로는 너에게 무척이나 고마웠단다.

오늘같이 이른 비행이 있는 날이면 새벽에 집에서 나와야 하다 보니, 아빠 혼자 아침을 먹는 경우가 많아. 그런데 그게 외로워 보인다며 같이 아침을 먹겠다고 새벽부터 일어나 식탁 맞은편에 앉는 네 마음이 참 따뜻하게 느껴지더구나. 다른 아이들 같으면 한창 깊은 잠에 빠져 있을 시각인데…….

지난번에 엄마가 너에게 이렇게 물었지?

"네가 아빠를 자랑스러워하는 게 아빠가 파일럿이라서 그런 거잖아?"

그러자 너는 당당하게 대답했어.

"나는 아빠가 파일럿이라서 자랑스러운 게 아니라 내 아빠라서 자랑스러운 거야. 만약 아빠가 파일럿이 아니라고 해도 전혀 부끄럽지 않아!"

그때 아빠는 텔레비전을 보며 딴청을 피우는 척했지만, 사실은 귀를 쫑긋 세우고 모자간의 대화를 엿듣고 있었어. 그래서 네 대답을 듣는 순간 가슴이 마구 벅차올랐지. 그리고 마음속으로 '세상에 어떤 아버지가 나와 같은 대접을 받을 수 있을까?'하는 뿌듯함을 품을 수 있었어.

고맙다, 아들! 아빠를 자랑스러워하는 네가 실망하지 않도록 아빠로서도, 파일럿으로서도 언제나 최선을 다할게.

꿈을 싣고 날다

구름 위의 지휘관, 파일럿

첫판 1쇄 펴낸날 2016년 1월 4일
6쇄 펴낸날 2021년 5월 10일

지은이 한고희 **그린이** 정우열
펴낸이 박창희
편집 김수진 이민주 **디자인** 권은숙
마케팅 이상민 **회계** 양여진

펴낸곳 (주)라임
출판등록 2013년 8월 8일 제 406-2013-000091호
주소 경기도 파주시 회동길 57-9, 우편번호 10881
전화 031) 955-1820, 1821 **팩스** 031) 955-1825
이메일 lime@limebook.co.kr **인스타그램** @lime_pub

ISBN 979-11-85871-33-2 44300
979-11-951893-8-0 (세트)

* 잘못된 책은 구입하신 서점에서 바꾸어 드립니다.
* 본서의 반품 기한은 2026년 5월 31일까지입니다.

• 이 책의 작가 인세는 전액 공군사관학교 발전기금으로 사용됩니다.